Paul Elling
Die Kunst des Pendelns

Paul Elling

DIE KUNST DES PENDELNS

Entscheidungshilfe für Liebe, Gesundheit und Beruf

MOEWIG

Hinweis: Die Ratschläge und Empfehlungen dieses Buches wurden von Autor und Verlag nach bestem Wissen und Gewissen erarbeitet und sorgfältig geprüft. Dennoch kann eine Garantie nicht übernommen werden. Eine Haftung des Autors, des Verlags oder seiner Beauftragten für Personen-, Sach- oder Vermögensschäden ist ausgeschlossen.

Umschlaggestaltung: Werbeagentur Zeuner, Ettlingen
Umschlagfoto: Fotostudio Elmar Kohn, Landshut
Satz: Typo Design Hecker, Heidelberg
Druck und Bindung: Ebner Ulm
Printed in Germany 1996
ISBN 3-8118-1308-0

Inhalt

Theoretisches und Praktisches

Wer in einer etwas älteren Ausgabe des Brockhaus unter dem Begriff „Pendel“ (*pendul-us, -a, -um*, lat.: hängend) nachschlägt, erfährt lediglich, daß es sich hierbei um einen Gegenstand handelt, „der um einen Aufhängepunkt hin- und herschwingt“. Eine magere Information, die überdies dem Wissensdurstigen die freie Wahl zwischen den Artikeln „der“ und „das“ überläßt.

Ganz so freizügig wird in der Praxis jedoch nicht verfahren, die sehr wohl einen sogar recht bedeutsamen Unterschied zwischen dem sächlichen und dem männlichen Pendel kennt. „Das“ Pendel bezeichnet ausschließlich das mathematische oder physikalische Pendel, für das der geniale Naturwissenschaftler Galileo Galilei bereits im Jahre 1609 seine berühmten Pendelgesetze entwickelte. Im Gegensatz hierzu steht „der“ siderische Pendel (sidera, lat.: Gestirne), die längst vor Beginn unserer Zeitrechnung schon den Völkern des Altertums als Orakelmittel diente.

Als Unterschied für diese beiden Pendelarten könnte zunächst einmal ganz grob angeführt werden, daß das Pendel von einer mechanischen Antriebskraft bewegt werden muß, wie es beispielsweise bei dem Uhrenpendel der Fall ist, während der Pendel seinen Ausschlag durch geheimnisvolle Kräfte erfährt, für die keine Formeln existieren. Eine wesentliche Rolle spielen hierbei die Faktoren wie die Person des Pendlers, die ihn umgebende Aura, die Form und das Material des Pendelkörpers, die Pendelaufhängung und – die innere Einstellung des Pendlers zu diesem Mysterium.

Was ist ein Pendel?

Als eingrenzende Definition für den siderischen Pendel könnte nun also stehen, daß es sich hierbei um ein Gewicht handelt, das frei beweglich an einem Faden aufgehängt und dank dieser flexiblen Verbindung in der Lage ist, unter dem Einfluß der Schwerkraft Schwingungen auszuführen.

Aber auch diese Erklärung kann nicht dazu führen, das Geheimnis um den Pendel zu lüften. Zwar ist jetzt bekannt, daß der Pendel ein Gewicht ist, daß er frei aufgehängt ist und daß er hin- und herschwingen kann, doch handelt es sich bei dieser Information nicht gerade um eine Neuigkeit – noch immer ist kein gravierender Unterschied zwischen dem mathematischen oder auch physikalischen und dem siderischen Pendel festzustellen. Einen wesentlichen Schritt nach vorne führt die Frage nach dem Einsatzbereich, und genau an dieser Stelle wird die entscheidende Weiche zwischen dem Pendel, der die Bewegung von Maschinen und Uhrwerken regelt, und dem Pendel, der als Such- und Meßgerät eingesetzt wird, gestellt.

Der Begriff Such- und Meßgerät kann jedoch ein wenig irreführend sein, da hierunter in der Regel ein mehr oder weniger kompliziertes Instrument verstanden wird, das in den meisten Fällen mit einer Skala versehen ist, die dem Bediener ein einfaches Ablesen der gefundenen Werte gestattet. Um ein solches Instrument handelt es sich bei dem Pendel natürlich nicht – weder Schalter und Knöpfe noch Lampen oder Zeiger bereichern die bestechend simple Ausstattung dieses Instruments, das lediglich aus einem Gewicht und einem Faden besteht.

„Wie kann denn mit einem Pendel überhaupt etwas gesucht, gefunden und schließlich sogar noch gemessen werden?" könnte an dieser Stelle eine durchaus berechtigte Frage lauten, da ja tatsächlich sämtliche Attribute eines herkömmlichen Such- und Meßinstruments fehlen. Nun, die vorläufige Antwort auf diese Frage ist, daß der Pendel, um ihn im Bereich der Radiästhesie (radius, lat.: Strahl; aisthesis, griech.: Empfindsamkeit) einsetzen zu können, noch um ein „kleines Teil" erweitert werden muß: die Person, die ihn hält. Mit diesem Zuwachs verläßt der siderische Pendel endgültig den Bereich der Mechanik und betritt den Raum der Psychophysik, der odischen Energien, des Sensitiven. Sämtliche Schalter und Knöpfe dieses Instruments liegen in der Person des Pendlers, der somit je nach seiner Empfindsamkeit für diese geheimnisvollen Kräfte selbst die perfekteste Computeranlage in den Schatten stellen kann. Vielleicht halten Sie diese Aussage für gewagt, vielleicht fehlt Ihnen dafür noch ein schlüssiger Beweis – zerbrechen Sie sich in diesem Stadium darüber nicht den Kopf, und versuchen Sie, sich allmählich von der Praxis der technischen Beweisführung zu trennen, die im Laufe der Menschheitsgeschichte beträchtlich dazu beigetragen hat, daß die im Altertum kultivierte Kunst des Pendelns fast verschüttet worden wäre.

Es geht sogar noch weiter, denn da es hochgradig sensitive Menschen gibt, die bei ihrer Tätigkeit des Suchens und Messens vollständig auf den Pendel verzichten können, muß das Werkzeug Pendel genaugenommen in den Hintergrund rücken: Im Vordergrund steht der Pendler. Doch nachdem nicht alle Menschen über diese beneidenswerten Fähigkeiten verfügen, steht dem Pendel die Rolle eines Hilfsinstruments

Versuchsanordnung von Monsieur de Briche

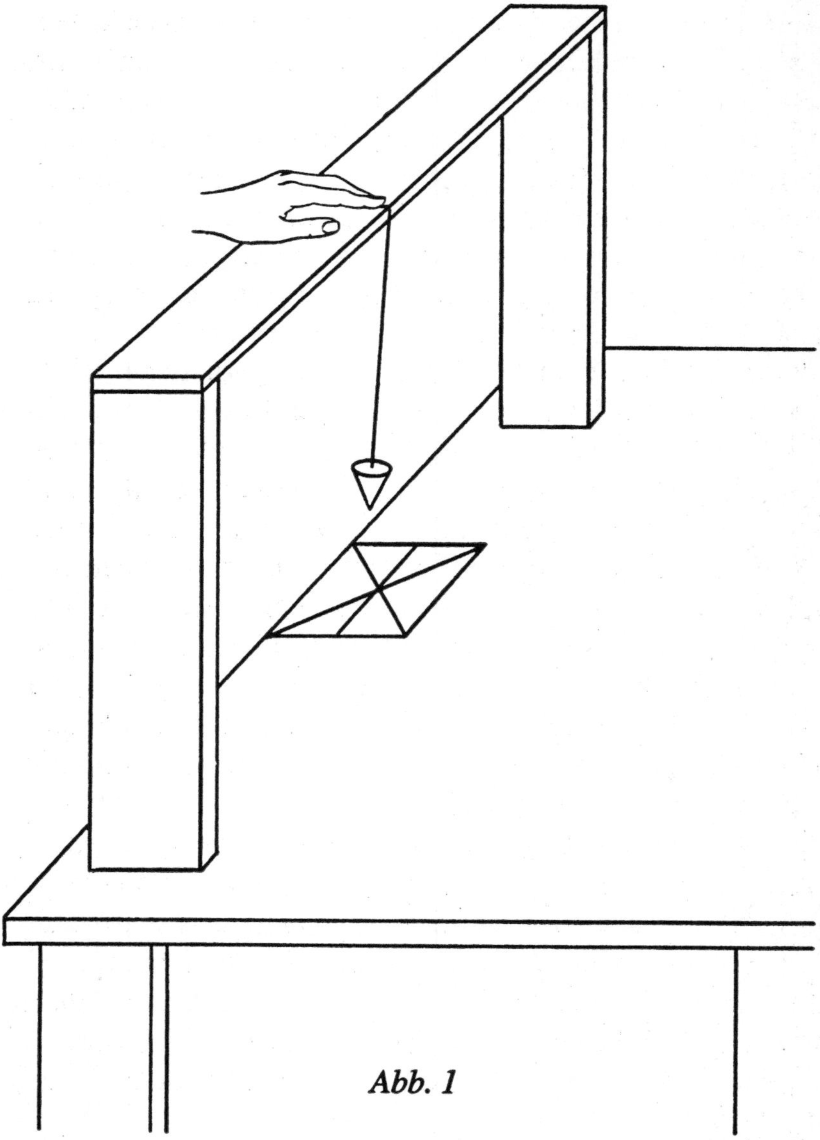

Abb. 1

zu, das durch exakt definierte Schwingungen anzuzeigen vermag, was der weniger sensitive Mensch nicht spüren kann.

Gleich von vornherein soll an dieser Stelle auf das Hauptargument der Pendel-Kritiker eingegangen werden, das die Pendelausschläge allein der Vorstellungskraft des Pendlers und den daraufhin einsetzenden, vom Willen gesteuerten Muskelbewegungen zuschreibt. Nun, dieser Einwand liegt auf der Hand und wurde bereits im vorigen Jahrhundert ergiebig diskutiert. Wie beispielsweise der Pendelforscher und Generalsekretär der französischen Präfektur Loiret, de Briche, im Jahre 1938 den Beweis führte, daß die Schwingungen des siderischen Pendels nicht auf unfreiwillige Muskelbewegungen zurückzuführen sind, zeigt die Versuchsanordnung in Abbildung 1, die Sie mit einfachen Mitteln selbst nachvollziehen können:

Auf die waagrechte Latte des auf einem Tisch angebrachten Galgens von circa 30 Zentimetern Höhe kleben Sie mit Hilfe eines Wachskügelchens das Fadenende eines beliebigen Pendels, dessen Körper ein Ring oder ein anderes leichtes Gewicht sein kann. Wenn sich der Pendel im völligen Ruhezustand befindet, legen Sie behutsam einen Finger auf den Faden, der sich über die waagrechte Latte spannt. Natürlich muß Ihr Gerüst so stabil sein, daß es durch das Auflegen des Fingers nicht zu wackeln anfängt und somit den Pendel in eine mechanisch provozierte Schwingung versetzt. Bei Monsieur de Briche erfuhr der Pendel immer dann Ausschläge, wenn er den Faden mit dem Finger berührte. Die Bewegungen veränderten sich immer dann, wenn er die unter den Pendel gelegten Gegenstände auswechselte.

(Nach Christopher Bird, Die weissagende Hand oder das Mysterium Wünschelrute. Verlag Moos & Partner, 2. Auflage 1985, Seite 103)

Ob dieses einfache Experiment in der Lage ist, die Zweifel der Kritiker zu zerstreuen, soll zweitrangig bleiben. Allein die Tatsache, daß die Psychokinese, also die durch bloße Geistestätigkeit hervorgerufene Bewegung materieller Gegenstände heute eine unbestrittene und vielfach nachgewiesene Fähigkeit hoch sensitiver Menschen ist, sollte ausreichen, um nur dürftig oder überhaupt nicht beweisbare Phänomene einfach hinzunehmen und nicht lehrbuchmäßig zu hinterfragen.
Nur ein Dokument des französischen Chemikers Michel-Eugène Chevreul aus dem Jahre 1850 soll hier noch zeigen, wie im vorigen Jahrhundert die Wünschelruten- und Pendelausschläge erklärt wurden:

Die Bewegung eines radiästhetischen Geräts kann erklärt werden:

1. als Teil der moralischen Welt mit einer spirituellen Ursache, die sich ableitet von:
   a) Gott oder der Hierarchie der Engel;
   b) dem Teufel oder seinen Günstlingen;
   c) dem Bewußtsein des Rutengängers beziehungsweise Pendlers;
2. als Teil der materiellen Welt mit einer psychischen Ursache, die sich von ‚okkulten' Eigenschaften der Materie ableitet, welche:

a) die aristotelischen Peripatetiker Sympathie und Antipathie nannten;
b) die Cartesianer Korpuskeln, Dünste oder feine Materie nannten;
c) Chevreuls Zeitgenossen als Elektrizität, Elektromagnetismus oder Elektro-Organismus (Galvinismus) bezeichneten.

Die Bewegung kann dadurch verstärkt werden, daß der Rutengänger beziehungsweise Pendler außer dem Gerät einen Stoff in den Händen hält,

1. der mit dem des gesuchten Objekts identisch ist;
2. der von dem des gesuchten Objekts verschieden ist.

Weil diese beiden Mittel, um die Bewegung des Gerätes zu verstärken, einander diametral entgegengesetzt sind, braucht man zu ihrer Erklärung eine mentale, nicht eine physikalische Ursache ...
(Nach Christopher Bird, Die weissagende Hand oder das Mysterium Wünschelrute. Verlag Moos & Partner, 2. Auflage 1985, Seite 102)

Nehmen Sie sich die Freiheit, zum jetzigen Zeitpunkt die Erforschung nach der Ursache der Pendelbewegungen einfach zu überspringen – nicht, weil sich darüber Wissenschaftler der ganzen Welt bisher vergeblich den Kopf zerbrochen haben, sondern einfach deshalb, um möglichst unbeschwert zu sein, wenn Sie die ersten Versuche mit dem Pendel selbst durchführen. Sollten Sie die Tatsache, daß der Pendel schwingt, nicht ohne eine befriedigende Erklärung hinnehmen können, sollten Sie vom Pendeln Abstand nehmen, da Sie unter dieser Voraussetzung Gefahr liefen, Pendelausschläge willentlich zu provozieren und den Pendel als Such- und Meßinstrument somit für Sie unbrauchbar machten.

Die „große Kraft“

Nachdem die Frage „Was ist ein Pendel?“ damit beantwortet wurde, daß es sich hierbei um ein Hilfsinstrument für Radiästheten, also für strahlenempfindliche Menschen handelt, drängt sich eine neue Frage auf: Welche Strahlen sind hier gemeint?

Um keine falschen Hoffnungen auf die Lösung dieser menschheitsbewegenden Frage zu wecken, muß die Antwort seriöserweise offenbleiben, und auch Vermutungen müssen wegen ihres spekulativen Charakters unterbleiben. Zu viele Theorien erheben den Anspruch, diese Art von Strahlen erklären zu können, wobei sie sich allesamt nach eingehender Prüfung als haltlose Hypothesen erweisen. Rätselhaft bleiben uns die Phänomene der „großen Kraft“, die – nur um eine grobe Übersicht zu geben – den Völkern des alten Chinas ebenso bekannt waren wie den Indern, den Babyloniern, den Chaldäern, den Pharaonen, den Griechen und den Urbewohnern des afrikanischen sowie des amerikanischen Kontinents.

Was bewegt Hunde oder Katzen dazu, über Hunderte, ja sogar Tausende von Kilometern ihre Besitzer zu finden, die sie bei einem Wohnortwechsel einfach zurückgelassen haben? Weshalb finden Kamele in der Wüste Wasser? Was bringt die Wünschelruten zum Ausschlagen, mit deren Hilfe Erze, Öl und Wasser mit einer nahezu hundertprozentigen Trefferquote gefunden werden? Was läßt die Zeiger einer Uhr stillstehen, wenn deren Besitzer stirbt? Nun, diese Fragen könnten bücherfüllend fortgesetzt werden, und immer wird man lediglich vor unerklärbaren Tatsachen stehen, die unter die Spezies ‚erstaunliche Erscheinungen‘ fallen.

Die „große Kraft“ – soviel kann mit Sicherheit gesagt werden – ist eine Energieform, die mit den uns bekannten Energieformen nicht verglichen werden kann:

- Licht
- Wärme
- Schall
- Magnetismus
- Elektrizität
- Mechanik (auch Wasser, Wind und Schwerkraft)
- Chemie (auch Radioaktivität)

Diese physikalischen Energieformen sind dem Menschen geläufig, er kann sie einordnen, er hat sie sich zum Nutzen und zum Schaden von der Natur entliehen, und er kann mehr oder weniger gut damit umgehen. Die Verfolgung dieser Spur würde vom Thema entfernen, doch soll diese kleine Übersicht dazu beitragen, eine gewisse Ahnung von der „großen Kraft“ zu vermitteln, die sich den exakten Wissenschaften bisher mit allerbestem Erfolg entziehen konnte.

Natürlich ist es sehr einfach, Dinge, die man nicht versteht, abzulehnen und als Scharlatanerie abzutun. Doch wäre diese Verhaltensweise nicht nur ungerecht, sondern sogar widersprüchlich: Immerhin werden beispielsweise auch die Energien von Wind, Sonne und Wasser genutzt, selbst wenn es bisher keine schlüssige Erklärung für den Ursprung dieser Elemente gibt.

Einen weiteren Gedanken ist die unumstößliche Tatsache wert, daß eine gezähmte Naturkraft in der Regel genau so stark ist, wie sie der Mensch zu machen vermag. Was alles könnte man mit den vorhin aufgeführten Energien anstellen, wenn der Mensch die Technik im Umgang mit diesen Kräften noch mehr verfeinerte? Die Forschung jedenfalls ist auf diese Richtung eingeschworen, Spezialisten der einzelnen Disziplinen arbeiten weltweit nahezu rund um die Uhr, um die Geheimnisse dieser Kräfte zu entdecken. Es ist ein Gewaltakt, bei dem sehr viel von der Natur auf der Strecke bleibt, so daß die Erforschung und Nutzbarmachung der Naturkräfte in weiten Bereichen auf eine Zerstörungsaktion hinausläuft, deren Folgen nicht absehbar sind. Dieser Kraftakt an sich ist unnatürlich und ist als ein Zeichen der Hilflosigkeit und des Trotzes zu bewerten, mit dem über Umwege die Lösung nach der alles umspannenden „großen Kraft" gesucht wird. Das ganze alptraumhafte Geschehen auf unserem Planeten ähnelt dem Vorgehen in einem Sezierraum, wo eine Leiche nach allen Regeln der Kunst geöffnet wird, um die Todesursache festzustellen. Was, bitte, soll das bedeuten?

Ist es nicht so, daß uns die Erforschung der Details immer mehr davon wegbringt, die Geheimnisse der „großen Kraft" zu entdecken? Daß wir uns in Nebensächlichkeiten verstrickt haben und dabei die Pforte zum Gewölbe der großen Zusammenhänge nicht mehr sehen? Zur Zeit scheinen gewisse bewußtseinsverändernde Drogen das einzige Mittel zu sein, für kurze Momente aus der Sackgasse zu entfliehen. Dieser Weg, das Programm zu verlassen, kann nicht der richtige sein, denn eine Rückkehr in die Realität ist zwangsläufig, sobald die Droge aufhört zu wirken. Eine längerfristige Abkehr von der Wirklichkeit versprechen Seminare über Taoismus und Zen – ein Unding, die Geheimnisse der „großen Kraft" gegen Geld anzubieten.

Kirlianfotografie (Fingerspitzen und Fußballen mit Zehen)

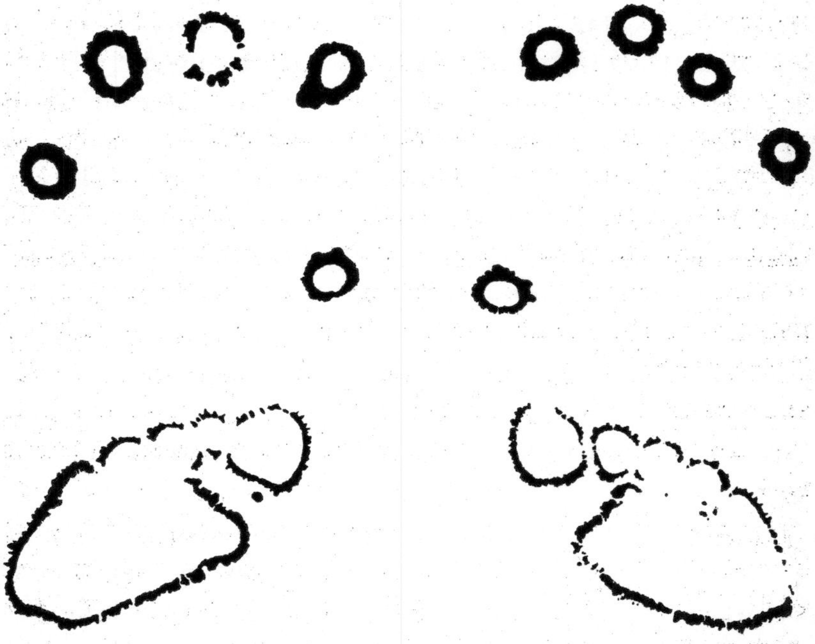

Abb. 2

Eher noch als mit den bekannten physikalischen Energien könnte die „große Kraft" mit den Kräften verwandt sein, die im Bereich der Bioenergetik anzutreffen sind. Hier spielen beispielsweise Begriffe wie „Aura", „Ätherleib" und „Od" eine Rolle – Ausdrücke, die genausowenig erklärbar sind wie die „große Kraft". Von Interesse dürfte allerdings der Umstand sein, daß die jeden Menschen umgebende Emanation, also die Ausstrahlung, längst sichtbar gemacht werden kann. So hat man bereits im Jahre 1898 erfolgreich daran experimentiert, strahlende Finger abzubilden, nachdem die Hände einige Stunden lang in einem Dunkelfeld auf einer Fotoplatte lagen. Im Jahre 1939 begann der Russe Kirlian auf diesem Gebiet zu arbeiten und verfeinerte die Technik (Kirlianfotografie vgl. Abb. 2, Seite 21), so daß mittels eines Hochfrequenz-Generators mit 75 000 bis 200 000 elektrischen Schwingungen pro Sekunde nicht nur die Aura oder odische Strahlung von Menschen, sondern auch von Tieren und Pflanzen sichtbar gemacht werden kann.

Sensitive Menschen brauchen derartige Geräte nicht, denn sie können selbst in absoluter Finsternis die Aura von Lebewesen sogar in Farbe wahrnehmen. Aber auch weniger empfindsamen Personen ist der Weg zu bioenergetischen Erkenntnissen nicht verbaut, denn die strahlende Aura ist nicht nur sichtbar, sondern auch spürbar: Jeder kennt die magnetische Anziehungskraft von bestimmten Menschen, von denen Energien wie Konzentration, animalische Wärme und Sympathie ausgehen. Und jedem sind auch Menschen bekannt, die genau das Gegenteil verstrahlen, nämlich Unruhe, Kälte und Abneigung. Mit welchen Phänomenen haben wir es hier zu tun? Haben diese Strahlen eine Verbindung zur „großen Kraft“, sind sie am Ende gar identisch mit ihr?

Die Frage nach Gott als Quelle dieser Energie kann in diesem Rahmen nicht diskutiert werden. Doch angenommen, die Spur wäre richtig, so führte sie letztendlich auch nicht zu einer Erklärung für das Phänomen der Pendelausschläge, um die es hier schließlich geht. Es bleibt die Empfehlung, diese erstaunlichen Erscheinungen mit einem gewissen Quantum Demut zu tolerieren, akzeptieren und respektieren, ohne jedoch dabei in eine Hörigkeit zu fallen, die unter den Jüngern des Wassermannzeitalters so verbreitet ist: Pendeln Sie nach Ihrem Gefühl genau dann, wenn Ihnen danach ist, und verfallen Sie bitte nicht in die Manie der Haltlosen, die sogar auspendeln, ob sie ein Frühstücksei essen sollen oder nicht.

Die zerstörende Kraft

Auch die „große Kraft“ hat, wie alle Dinge, einen Gegenpol. Wie kommt es, daß immer mehr Menschen auf immer mehr Substanzen allergisch reagieren? Daß Herz-Kreislauf-Erkrankungen, Krebserkrankungen, aber auch psychische Auffälligkeiten unaufhaltsam im Zunehmen begriffen sind?

Die Antwort ist nicht schwer: Tag für Tag werden in unserer Industriegesellschaft mehrere tausend neue Chemikalien entwickelt; sie werden vor ihrem Einsatz zwar auf ihren speziellen Anwendungszweck hin untersucht – nicht aber auf ihre zerstörerische Langzeitwirkung auf den Menschen. Betrachtet man von circa sieben Millionen existierenden Chemikalien allein die hundert, von denen wir wissen, wie sie auf den Menschen wirken, wird eines ersichtlich: Fast alle dieser Gifte haben zumindest einen ihrer Angriffspunkte am zentralen Nervensystem oder am Immunsystem. Zerstörende Kraft, hausgemacht vom Menschen selbst. Beispielsweise die unbrennbaren Isolier- und Kühlmittel für Transformatoren und Hydrauliken, bekannt unter dem Namen Polychlorierte Biphenyle (PCB). Dieses Gift enthält als zusätzliche Verunreinigung Dioxin, einen Stoff, der auch als „Seveso-Gift“ traurige Berühmtheit erlangt hat.

Im Alltag werden PCB über die Atemluft aufgenommen, über Hautkontakt und über die Nahrung, wo sie sich in Fett anreichern. Während die tägliche Aufnahme derzeit auf 4 000 Nanogramm Gesamt-PCB bei Erwachsenen geschätzt wird, liegt die durchschnittliche Belastung der Muttermilch derzeit bei 50 000 Nanogramm/Kilogramm. Da PCB die

Plazentaschranke überwinden können, findet man bei Neugeborenen stark belasteter Mütter Haut- und Mundschleimhautveränderungen, starke Verkalkung der Schädelknochen, vorzeitiges Zahnen, verringertes Geburtsgewicht und Wachstumsverzögerungen. Da hat es die „große Kraft" natürlich schwer, ihre positive Wirkung zu entfalten. Wie soll sich Sensitivität bei Menschen entwickeln können, deren Organismen bereits in den ersten Monaten derartig ums reine Überleben kämpfen müssen?

Doch das Gruselspiel geht weiter: Neben Wohnraumgiften wie PCB und Holzschutzmittel weisen insbesondere in der Nahrung enthaltene Pestizide und Schwermetalle eine verhängnisvolle Eigenschaft auf: Sie führen zu bisher kaum untersuchten Wechselbeziehungen, wobei man von einer Potenzierung der Gifte untereinander ausgehen muß. Eine solche Quelle zerstörender Kraft ist beispielsweise Amalgam, eine Mischung aus Quecksilber, Zinn, Silber und Kupfer. Diese Mixtur führt über einen Zinkmangel zu einer Blei- und Kadmiumanreicherung im Körper; die Schädigung des Nervensystems wird durch diese Zusatzbelastung erheblich verstärkt.

Schwermetalle, PCB und Pestizide werden in zentralen Organen des menschlichen Organismus gespeichert und sind dort nachweisbar. Gelangen dann noch andere Gifte hinzu, kann die zerstörende Kraft den Alltag zu einem Kamikazeflug machen: So sind zum Beispiel fettlösende Gifte wie das Holzschutz- und Unkrautvertilgungsmittel Pentachlorphenol (PCP) alkohollöslich. Im Klartext heißt das, daß diese Stoffe bei einem gemütlichen Gläschen Wein ins Gehirn transportiert werden und dort das Zentralnervensystem schädigen.

Was bedeutet das nun für das Pendeln? Natürlich, daß es als Pflichtübung gelten muß, die zerstörenden Umweltgifte mit ihren unkontrollierten Kräften zumindest im Auge zu behalten. Vielleicht sollten Sie auch das eine oder andere Produkt per Pendel daraufhin austesten, ob es dem pendelnden Organismus – also Ihnen – bekommt oder nicht. Denn nicht alle Menschen reagieren gleichermaßen auf ein und dasselbe Gift. Viele Menschen zum Beispiel rauchen und werden über neunzig – andere erkranken schon in mittleren Jahren an Lungenkrebs. Also, wenn irgend etwas nicht stimmt, sofort messen. Zumeist findet man mit ein wenig Mühe mehrere Gifte mit verheerender chronischer Wirkung und somit auch die Therapie: Ausschaltung der Ursache – die einzige Maßnahme, die langfristig zur Gesundung führen kann. Das klingt einfach, doch normalerweise stellt sich gerade in bezug auf Umweltgifte folgendes Problem: Die Giftkonzentration ist oft sehr gering und entgeht daher einer exakten Gerätemessung – nicht aber dem Ausschlag des Pendels.

Allgemein wenig bekannt ist die Tatsache, daß chronisch Vergiftete oftmals psychische Auffälligkeiten zeigen: Unzählige Menschen befinden sich wegen Depressionen, Erschöpfung oder Schizophrenie in ärztlicher Behandlung – und sind eigentlich „bloß“ nachgewiesenen chronischen Vergiftungen ausgesetzt. So läßt sich beispielsweise der Beginn einer Depression zeitlich oft mit dem Einzug in ein neues Haus in Verbindung bringen, das giftige Stoffe enthält.

Die zerstörende Kraft wirkt aber auch ganz körperlich: Beispielsweise steigt die Zahl der Asthmaanfälle bei Kindern mit der Spieldauer in stark verkehrsbelasteten Gebieten. Und als Symptome einer chronischen PCB-Vergiftung gelten beim

Menschen: Chlorakne, Haarausfall, Veränderungen der Finger- und Zehennägel, Schwächegefühl, Kopfschmerzen, Erbrechen, Bauchschmerzen, Taubheitsgefühl der Extremitäten, Sehschwäche, Störungen des Immunsystems und Überempfindlichkeitsreaktionen, erhöhte Infektanfälligkeit sowie Bronchitis.

Das Hauptproblem aber stellt die in den letzten Jahren stark in den Vordergrund gerückte Dioxinverseuchung dar. Über das volle Ausmaß der immunologischen Wirkungen der Dioxine und Furane herrscht noch Unklarheit. Nicht immer offenbart sich die Wirkung des Dioxins so deutlich wie bei der schrecklichen Brandkatastrophe am Düsseldorfer Flughafen. Fest steht aber, daß Dioxine in auffälligem Maß den HDL-Cholesterinspiegel senken, was mit einem erhöhten Herzinfarktrisiko einhergeht. Darüber hinaus gilt die krebserregende Wirkung von Dioxin mittlerweile als gesichert. Die hierbei festgelegten Grenzwerte sind jedoch kein Maßstab zur Beurteilung dieses Giftes: Grenzwerte beruhen eher auf politischem Kalkül und vertrösten uns mit der fehlenden Nachweisbarkeit für Organschäden. Vernünftigerweise sollte der Grenzwert für eine krebserregende Substanz generell bei Null liegen. Das gilt ebenso für einen Hauptverursacher der zerstörenden Kraft: Durch die öffentliche Diskussion über Formaldehyd ist es zur wachsenden Nachfrage nach formaldehydfreien Produkten gekommen. Doch Vorsicht: Als formaldehydfrei werden vielfach nicht minder giftige isozyanathaltige Produkte angepriesen.

Doch mit das stärkste Gift stellen polychlorierte Biphenyle (PCB) dar, die in stark erhöhter Konzentration gerade in der Raumluft von Schulen ausfindig gemacht werden. PCB stellen klassische Altlastenstoffe dar, die lange Zeit aufgrund ihrer elektrischen Isolationseigenschaften, ihrer Korrosions- und Hitzebeständigkeit in verschiedenster Weise eingesetzt wurden. Seit 1984 werden sie in Deutschland zwar nicht mehr hergestellt und verarbeitet, aber im täglichen Leben sind PCB als Weichmacher für Kunststoffe und Lacke, in technischen Ölen oder als Zusatzstoffe in Textilien immer noch zu finden. So gelten als Hauptursache für chronische Vergiftungen die Wohnraumgifte. Sie sollten allerdings von der allgemeinen Luftverschmutzung unterschieden werden, denn man muß berücksichtigen, daß die Schadstoffkonzentration in Innenräumen um das 10 000fache über Schadstoffkonzentration der Außenluft liegen kann.

Für den Pendler gegen die zerstörende Kraft ist ein Phänomen besonders bedeutsam: Wo mehrere Gifte in einem Organismus zusammenkommen, verlieren Grenzwerte ihre Gültigkeit, da diese Gifte sich gegenseitig potenzieren. Hierbei gilt der Grundsatz: Je länger die biologische Halbwertzeit, desto geringere Mengen führen zu chronischen Organschäden.

Um dies zu verstehen, muß man das Prinzip der chronischen Giftwirkung betrachten. So verspürt man beispielsweise beim Einzug in ein holzschutzmittelverseuchtes Haus trotz sehr hoher Giftkonzentration keinerlei Symptome. Über Jahre hinweg dampft das PCP ab; die Raumluftkonzentration wird geringer, während sich erst allmählich die ersten Symptome zeigen. Ganz wichtig also ist hier der Zeitfaktor.

Da der Organismus das Gift speichert, mehren oder verstärken sich im Laufe der Zeit die Symptome. Im Extremfall kann das bedeuten, daß im Haus selbst kein Gift mehr nachweisbar ist, während der Mensch bereits im Sterben liegt.

Noch einmal muß darauf hingewiesen werden: Der erste Schritt ist das Erkennen. An nächster Stelle steht das Vermeiden. Und um die von Menschenhand geschaffene zerstörerische Kraft erkennen zu können, kann die „große Kraft" hilfreich sein. Sie kann es ermöglichen, den Pendel über vergifteten Gegenständen in warnende Schwingung zu versetzen, um so den Schritt der rechtzeitigen Vermeidung einzuleiten. Das Pendeln bietet also eine wirksame Methode zur Früherkennung von zerstörenden Kräften – ganz individuell, versteht sich, denn was dem einen bekommt, kann dem anderen schaden.

Pendeln hat Tradition

Nicht nur auf dem derzeitigen Höhepunkt der Esoterik-Welle, in der parapsychologische, spiritistische und magische Phänomene wieder stark beachtet werden, ist das Pendeln salonfähig. Als okkultes Instrument war der Pendel vielmehr längst vor unserer Zeitrechnung ein durchaus übliches Hilfsmittel, um das Leben zu meistern. Natürlich können wir mangels Überlieferung nicht exakt nachweisen, wann zum ersten Mal gependelt wurde, doch existieren eine Reihe von Anhaltspunkten, daß der Pendel bereits ausschlug, als die Kultur der alten Chinesen in ihrer vollen Blüte stand.

Betrachtet man beispielsweise das erste Buch der Weisheit von Konfuzius, das circa 800 Jahre vor Christus verfaßte „I Ging", so kann man darin auf Stellen stoßen, die sehr stark einen Bezug zur Pendelkunst vermuten lassen. So schreibt Konfuzius an einer Stelle:

Jede der acht Urkräfte wirkt in einer bestimmten Richtung; aber Bewegung und Wandlung sind nur möglich dadurch, daß die paarweise entgegengesetzt gerichteten Kräfte – ohne einander aufzuheben – die Kreisbewegung in Schwung setzen, auf der das Leben der Welt beruht.

Nun, diese Textpassage ist an sich ganz und gar unverständlich – insbesondere, was die acht anscheinend zwangsweise gerichteten Kräfte betrifft. Es könnte sich natürlich um einen Kompaß handeln, der mit seinen entgegengesetzt gerichteten Kräften an diese Stelle passen könnte. Kannten die Chinesen den Kompaß? Wußten sie um Magnetismus und – daß die Erde rund ist? Vielleicht wußten sie noch viel mehr, vor allem von den Geheimnissen, die sich unserem in drei Dimensionen begrenzten Leben entziehen. Doch die im Text angesprochenen Kreisbewegungen machen stutzig, und natürlich auch der Ausdruck „Urkräfte".

Eine weitere Passage aus dem ersten Buch der Weisheit läßt aufhorchen:

Die Heiligen und die Weisen Chinas waren stets mit dem Gesicht nach Süden gewandt, wenn sie den Sinn des Weltreiches anhörten.

Auch der erfahrene Pendler steht, wie wir später noch genauer erfahren, mit dem Gesicht nach Süden, wenn er die Geheimnisse der Natur und den Sinn des Weltreiches auspendelt. War das *I Ging* ein Pendelbuch? Stehen zwischen den Zeilen dieses für uns – in der abendländischen Tradition Aufgewachsene – überwiegend unverständlichen Buches die Erklärungen, nach denen wir suchen? Allem Anschein nach sind wir nicht dazu in der Lage, uns erhaltene Überlieferungen aus vergangenen Zeiten richtig zu deuten, so daß wir uns mit dem „Rest", den Lebensregeln und Lebensweisheiten dieses und anderer Texte begnügen müssen, die sich so einfach lesen und die doch so schwer in die tägliche Praxis umzusetzen sind.

Gehen wir weiter zu den Völkern des alten Indien, und hier insbesondere zu dem damals verwendeten Zeitmaß. Die Inder teilten den Tag nicht wie wir in 24 Stunden zu 60 Minuten, sondern in 60 Ghari zu 24 Minuten. Diese Methode der Zeitmessung aus der Tradition des Sanskrit wird mit sogenann-

Brief Heinrich Himmlers an den Wünschelrutenlehrer Professor Joseph Wimmer

Der Reichsführer-SS Feld-Kommandostelle, 12. Jan. 43

München-Pasing, Kirchstr. 11.

000518 * 13 JAN
Akt. Z.: 9/9/1

1.) Lieber Professor W i m m e r !

Meinen besten Dank für Ihre Zeilen vom 31.12.42. Ich freue mich ebensosehr wie Sie, daß das vergangene Jahr durch unser Beisammensein in Shitomir uns auf dem Gebiet der Wünschelrutenforschung und - ausbildung doch ein recht gutes Stück vorangebracht hat.

Für das Neue Jahr wünsche ich Ihnen persönlich Gesundheit und gerade auf dem Gebiet Ihrer Forschungsarbeit vollen Erfolg.

Heil Hitler!
stets Ihr
gez. H. Himmler.

2.) An das Ahnenerbe
3.) SS-Führungshauptamt

durchschriftlich mit der Bitte um Kenntnisnahme übersandt.

i.A.

SS-Obersturmführer.

Abb. 3

ten Tattwas erklärt, mit Schwingungen in der Luft, die alle 24 Minuten ihre Farbe ändern, wobei man unter anderem von einem Klangäther, einem Lichtäther, einem Gefühlsäther, einem Geruchsäther und einem Geschmacksäther spricht. Diese tattwischen Farbschwingungen konnten experimentell nachgewiesen werden, ebenso wie eine ruckartige Veränderung der Pendelausschläge beim Eintritt in eine andere Schwingungsphase. Diente der Pendel den Indern unter anderem als Uhr? Erfahrenen Pendlern ist es jedenfalls möglich, mit Hilfe dieses 24-Minuten-Rhythmus an jedem Punkt der Erdoberfläche die jeweilige Ortszeit experimentell mit dem Pendel zu ermitteln – heutzutage gewiß ein „zeitraubender" Vorgang.

Ein Sprung durch die Geschichte führt uns zu den alten Griechen, wo wir erfahren, daß die Orakel zu Delphi und zu Dodona unter anderem mit Pendeln gearbeitet haben. Auch die Werke des Aristoteles, insbesondere seine Lehre von den vier Elementen (Wasser, Erde, Feuer und Luft) können, wie Experimente des Salzburger Pendelforschers und Diplom-Ingenieurs Ludwig Straniak bewiesen haben, zum großen Teil nur aus Pendelstudien gewonnen worden sein. Nach seiner Auffassung wird auch die Ideenlehre Platons verständlicher, wenn man bei der Lektüre einen Pendel zu Rate zieht.

Das Pendeln im Mittelalter ist uns durch den *Ring der Nibelungen* überliefert, mit dessen Hilfe der im Rhein versenkte Goldschatz wiedergefunden werden sollte. Von der Zeit des späten Mittelalters ist uns bekannt, daß die Kirche das Pendeln zum Zwecke der Weissagung mittels päpstlicher Verordnungen untersagte.

In der „jüngeren" Zeit beginnt die nachweisliche Pendeltradition bei Martine de Bertereau und ihrem Gatten, dem Baron de Beausoleil, die im Jahre 1640 auf radiästhetischem Wege mehr als 150 Erzvorkommen entdeckten und dafür als „Partner des Teufels" im Kerker sterben mußten. In der darauffolgenden Zeit fand die eigentliche Wiederentdeckung der Pendelforschung statt, wobei sich vor allem die Franzosen mit diesem Phänomen befaßten, so daß die wichtigsten und umfassendsten Werke nur in französischer Sprache vorliegen. Pendler wie Prof. Gerboin, Malbranche, Pfarrer Lebrun, Pfarrer de Valmont, Dr. Thouvenel, Prof. Chevreul, Graf de Tristan, Pfarrer Paramelle, du Potet, Perrier, Pfarrer Carrie und Pfarrer Fortin haben ihre Studien in mehr oder weniger verständliche Worte gefaßt und somit der Nachwelt beeindruckende Dokumente von den Erkenntnissen hinterlassen, die im 18. und 19. Jahrhundert gemacht wurden.

In Deutschland befaßte sich kein Geringerer als der „Vater der Elektrochemie", der Entdecker des ultravioletten Lichts und Erfinder der Trockenzellenbatterie, Johann Wilhelm Ritter, mit der Pendelforschung – für seine Reputation anscheinend zu eindringlich, denn er geriet im akademischen Kollegenkreis zunehmend ins Abseits. Ein weiterer berühmter Pendler war der Erfinder des Paraffins und des Kreosots, der österreichische Chemiker Baron Karl von Reichenbach, der sich sehr eingehend mit dem Pendeln beschäftigte.

Im Deutschland der Nazizeit wurden die Pendler als Okkultisten verfolgt und für ihre Tätigkeit politisch gebrandmarkt – ein Vorgehen, das geradezu unverständlich scheint, wenn man bedenkt, daß der Mathematiker und Physiker Joseph Wimmer auf Befehl Heinrich Himmlers eine Schule für Wünschelrutengänger unterhielt, an der das SS-Personal in der praktischen Radiästhesie unterrichtet wurde (vgl. Abb. 3, Seite 32).

Dieser geschichtliche Überblick ist natürlich nur ein unvollständiger Abriß, doch er dient dazu, nochmals aufzuzeigen, daß wir uns immer mehr von der „großen Kraft" entfernen, denn die alten Pendler, die aus überlieferten Quellen der Erkenntnis schöpfen, sind rar. Was heute auf dem „Pendlermarkt" zu finden ist, ist mehr oder weniger der Ausfluß einer künstlich provozierten Geistesrichtung, deren Anhänger es einfach schick finden, ein wenig Okkultismus zu betreiben. Wägen Sie selbst ab – und am besten erst, wenn Sie sich ein wenig in die Praxis eingearbeitet haben – ob Sie das Pendeln nur aus Langeweile erlernen wollen oder aber, weil Sie einem längst verspürten Drang nachgeben müssen, der Ihre sensitiven Fähigkeiten in eine faßbare Bahn zu lenken vermag.

Kann jeder Mensch pendeln?

Auf diese Frage gibt es ganz entschieden nur eine Antwort – nein! Wäre man grob, könnte man noch hinzufügen, daß auch nicht jeder Mensch in der Lage ist, Dessertlöffel zu verbiegen, sondern ausschließlich „PSI-Künstler" von höchst sensitiver Veranlagung. Nun, ganz so empfindliche Antennen für die „große Kraft" benötigt man zum Pendeln nicht, doch sollten gewisse natürliche Anlagen, ein sensitives Milieu sozusagen, schon vorhanden sein, um mit Hilfe des Pendels zu richtigen Meßergebnissen zu kommen.

Interessant sind die Ausführungen, die der Pendelforscher Ludwig Straniak auf diese Frage gegeben hat, da sie nicht nur auf die Fähigkeit des Menschen, sondern zugleich auf Störfaktoren von außen eingeht:

Zunächst lehrt uns die Erfahrung, daß die Pendelfähigkeit weder an ein Alter noch an ein Geschlecht gebunden ist. Es können schon Kinder im zarten Alter pendeln – und es können Greise mit 70 und 80 Jahren auch noch pendeln. Es können Jünglinge und Jungfrauen, Männer und Frauen und Mütter pendeln. Auch das Wetter spielt keine Rolle. Wohl aber gibt es Zeiten, wo kein Pendel sich rührt, wer immer ihn auch in der Hand hält. Hier sind es meist schwere astrale Störungen, welche durch sehr starke Aufladungen eine völlige Disharmonie zwischen dem Rhythmus der 8. Naturkraft (so bezeichnet Straniak die „große Kraft") *und dem Rhythmus der Schwerkraft herbeiführen, so daß die angewendete Pendellänge unbrauchbar wird und jede Aufschaukelung verhindert. Es* sind also in diesen Fällen nicht die Menschen schuld daran, daß sich der Pendel nicht rührt, sondern physikalisch-kosmische Ursachen sind hier tätig. Wir sprechen dann von schlechter Zeitsituation.

Aber abgesehen von diesen Fällen, muß es auch physiologische Hindernisse bei einzelnen Menschen geben, warum sie nicht pendeln können. Diese sind uns noch weitgehend unbekannt. Ich kenne bisher nur einige wenige solcher Ursachen. So zum Beispiel bleibt bei mir der Pendel stehen, wenn ich aus der rechten Hand pendle und gleichzeitig meinen rechten Fuß vom Boden abhebe. Experimente zeigen mir aber, daß das bei anderen Menschen auch anders sein kann. Daraus muß man den Schluß ziehen, daß man nicht ohne weiteres berechtigt ist, zu sagen, dieser Mensch ist nicht pendelfähig, weil der Pendel in seiner Hand sich nicht bewegt, vielmehr ist man stets genötigt, den Fall ganz genau zu untersuchen, ehe man ein solches Urteil abzugeben berechtigt ist.

Bedient man sich zur Prüfung der Frage, wie man eine Pendelfähigkeit erkennen kann, eines leblosen Objekts, so läuft man Gefahr, eine vorübergehende astrale Störung als etwas Dauerndes anzusehen, und zieht dann einen falschen Schluß aus einem Pendelstillstand. Allerdings wäre es ein Irrtum, zu glauben, daß derjenige, der über der Photographie eines lebenden Menschen eine Kreisung im Uhrzeigersinn herbeiführen kann, sich auch schon zum richtigen Pendeln eignet. Die Fähigkeit, richtig zu pendeln, ist nämlich nicht nur davon abhängig, daß der Pendel in der Hand des Betreffenden sich bewegt, sondern diese Fähigkeit ist noch an eine Reihe weiterer Eigenschaften geknüpft. Hierher gehört vor allem eine richtige Polarität der zehn Finger der beiden Hände. Es bestehen *bestimmte Gesetzmäßigkeiten dieser Polarität bei allen guten Pendlern, deren Fehlen, wie mir scheint, ein dauerndes richtiges Arbeiten mit dem Pendel ausschließt.*

Es ist der große Irrtum von Anfängern des Pendelns, daß sie glauben, es genüge zum Pendeln die einfache Fähigkeit, Schwingungen des Pendels über Objekten und Photos herbeiführen zu können. Aber die Schwierigkeiten des Pendelns bestehen am allerwenigsten darin, daß der Pendel einmal oder das anderemal nicht schwingt, also Stillstand zeigt, sondern die Schwierigkeiten des richtigen Pendelns liegen in erster Linie in der richtigen Deutung der auftretenden Pendelbewegungen. Und da zeigt sich deutlich, daß die Pendelbewegungen in gewissem Sinne stets die gleichen äußeren Formen aufweisen und von dem unerfahrenen Anfänger nun auch wirklich für etwas „Gleiches" gehalten werden. Das ist grundfalsch. Zwei Dinge sind bekanntlich nur dann einander gleich, wenn sie alle Eigenschaften gemeinsam haben. Und das ist nun bei zwei vollkommen gleich aussehenden dynamischen Pendelfiguren durchaus nicht immer der Fall.

Abgesehen davon, daß es in jedem Fall erforderlich ist, zunächst die Schwingungsfigur darauf zu prüfen, ob sie eine dynamisch einfache oder eine zusammengesetzte Figur darstellt, ist die Deutung der Pendelfiguren auch dann noch keine leichte, wenn man ihre dynamische Zusammensetzung bereits richtig erkannt hat. Denn sie hängt von dem Gegenstande ab, an dem sie auftritt. Es ist nicht gleichgültig, ob eine Strichung Ost-West über einem Nickelstab oder über der Stirne eines lebenden Menschen auftritt. Kurz gesagt, man muß das betreffende Fachgebiet selbst beherrschen, wenn man eine auftretende Pendelfigur richtig deuten will. Wer also mit dem

Pendel zum Beispiel auf dem Gebiet der Geologie arbeiten will, dem bleibt es nicht erspart, sich mit der geologischen Wissenschaft selbst vertraut zu machen, wenn er nicht bloße Zufallserfolge erringen will. Wer mit dem Pendel auf dem Gebiete der chemischen Analyse arbeiten will, der muß sich mit der chemischen Wissenschaft selbst vertraut machen, wenn er wirklich hervorragende Erfolge erzielen will. Wenn er das aber tut, dann allerdings eröffnet sich ihm eine ganz neue Welt, und er kann Erfolge von unerhörter Größe erzielen.
(Aus dem Nachlaß des Pendelforschers und Straniak-Freundes Dr. med. Bruno v. Willmann)

Ob Sie sich dieser ganz privaten Ansicht Ludwig Straniaks bedingungslos anschließen, kann letztendlich nur Ihnen selbst überlassen bleiben. Jedoch sollten Sie trotz dieser recht überzeugend dargebrachten Überlegungen berücksichtigen, daß es noch andere Ansichten gibt, die davon ausgehen, daß man entweder pendeln kann oder nicht, wobei es egal ist, ob man mit einer Eisenschraube oder mit einem Goldstück arbeitet. Auch aus einer Vielzahl verschiedener und zum Teil widersprüchlicher Anweisungen, wie sie in verschiedenen Büchern den Pendelschülern dargelegt werden, die richtigen auszuwählen, kann sich als lebensfüllende Arbeit erweisen. Deshalb sei an dieser Stelle empfohlen, daß Sie sich nicht gleich von Anfang an auf die eine oder andere Richtung festlegen, sondern, daß Sie zunächst einmal ausprobieren, wie sich ein Pendel in Ihrer Hand verhält.

Basteln Sie sich nun einen provisorischen Pendel, den Sie leicht mit einer Schraube, einer Mutter oder einem Ehering und einem Stück Bindfaden herstellen können. Als nächstes

Symbole für die ersten Pendelausschläge

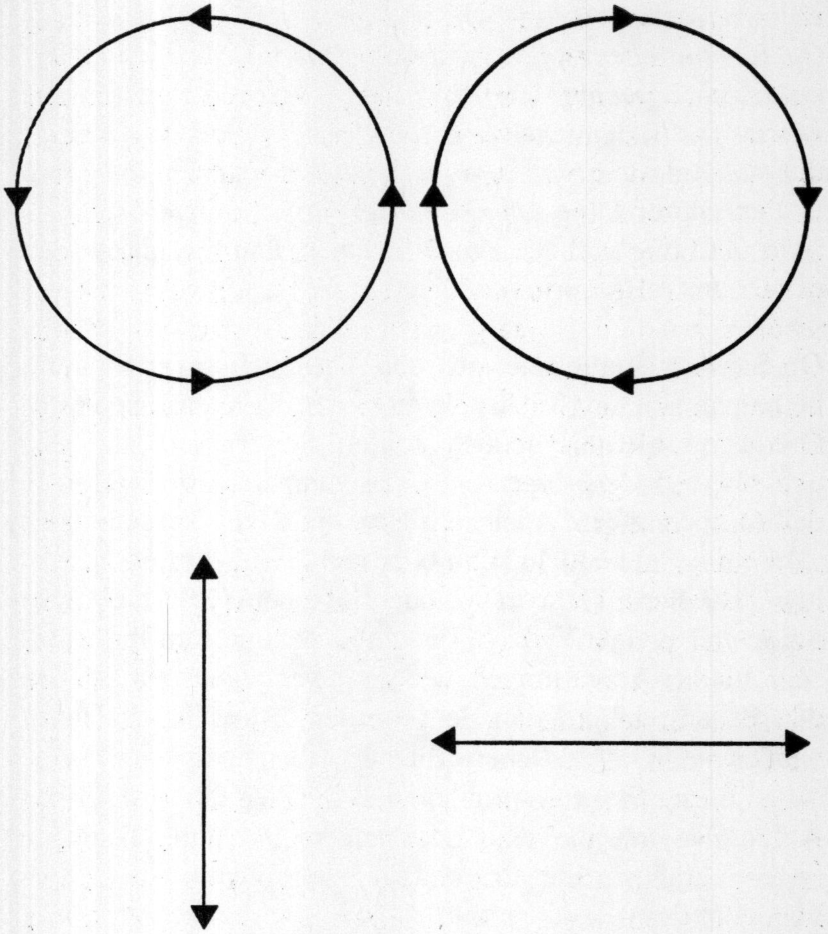

Abb. 4

nehmen Sie vier große Blätter weißes Papier und malen auf jedes der Blätter eines der vier abgebildeten Symbole (vgl. Abb. 4, Seite 40). Es scheint von Bedeutung, die Symbole auf verschiedene Blätter zu malen, damit Sie am Anfang Ihrer Pendelübungen nicht von den gerade nicht benötigten Symbolen abgelenkt werden können. Nehmen Sie sich nun als erstes das Blatt mit der vertikalen Achse vor und versuchen, den Pendel aus dem Stillstand allein mit der Kraft Ihrer Gedanken über dieser Längsachse schwingen zu lassen. Nachdem Sie diese Übung auch über der horizontalen Achse sowie über den beiden Kreisen, von denen einer im Uhrzeigersinn und der andere gegen den Uhrzeigersinn verläuft, gemacht haben, legen Sie den Pendel wieder aus der Hand.

Haben die ersten Versuche auf Anhieb geklappt, oder hat sich Ihr Pendel „selbständig" gemacht, indem er sich entgegen Ihren Vorstellungen bewegte oder sogar überhaupt keinen Ausschlag anzeigte? Nun, die Wahrheit ist, daß es jetzt vollkommen unwichtig ist, ob Sie Erfolg hatten oder nicht – es ging bei dieser kleinen Übung lediglich einmal darum, den Pendel und den Vorgang des Pendels zu erspüren, einmal hineinzuriechen in die geheimnisvolle Kunst, über deren praktische Anwendung Sie an anderer Stelle genauer unterwiesen werden.

Seien Sie nicht enttäuscht, wenn dieser Pendelversuch nicht auf Anhieb erfolgreich verlaufen ist – es spielen noch mehr Faktoren hinein als bloß irgendein Pendelkörper und ein Faden. Vielleicht waren Sie unkonzentriert, vielleicht hat ein elektrisches Gerät den Pendel abgelenkt. Versuchen Sie es zu einer anderen Zeit oder an einem anderen Platz noch einmal, variieren Sie auch die Fadenlänge – kurz gesagt, spielen Sie ein wenig, und experimentieren Sie, um speziell auf Ihre Persönlichkeit und Ihr sensitives Milieu abgestellte Störfaktoren zu entlarven, die Sie am richtigen Pendeln hindern könnten. Sie werden mit der Zeit darauf kommen, daß das Pendeln eine sehr persönliche Angelegenheit ist, die es zu erlernen gilt und bei der es darauf ankommt, einen sehr persönlichen Stil zu finden, der – und das ist der Fehler in den meisten Pendel-Lehrbüchern – ganz und gar nicht pauschaliert werden kann. Nicht jeder kann mit einem Kristallpendel arbeiten, und nicht für jeden gilt die „übliche" Fadenlänge von sechs bis sieben Zentimetern. Sie müssen sich also Ihr Handwerkszeug und Ihren Modus erarbeiten.

Auf der anderen Seite sollten Sie nach einem erfolgreichen Abschluß dieser ersten Übungen nicht versucht sein, sich jetzt sofort für einen großen Pendler zu halten. Zugegeben, Sie haben „Fingerchen" – nur, was Sie daraus machen, das ist wieder eine ganz andere Geschichte. Bleiben Sie bescheiden, und nehmen auch Sie sich Zeit, durch Herumexperimentieren auf eventuelle Störfaktoren zu kommen, die Sie unter Umständen am richtigen Pendeln hindern könnten. Zumindest besteht bei Ihnen auf den ersten Blick die Vermutung, daß Sie sich sehr gut für das Pendeln eignen.

Im übrigen können Sie auch an anderen Dingen feststellen, ob Sie ein sensitiver oder ein nichtsensitiver Mensch sind:

- Die Hand des Sensitiven muß nicht die typische Dekadenzform aufweisen – jedoch sprechen Bärenpranken nicht gerade für einen hochsensitiven Menschen.
- Sensitive schlafen unruhig, sprechen im Schlaf oder sind Schlafwandler.

- Sensitive haben Probleme, zusammen mit einem anderen Menschen ruhig in einem Bett zu schlafen – zudem können sie nur auf der rechten Seite einschlafen.
- In dichtgedrängten Menschenversammlungen, ja, sogar im Kreise nur weniger Personen fühlt sich der Sensitive unbehaglich.
- Sensitive geben ungern die Hand zur Begrüßung und entziehen sich einem längeren Händedruck gewaltsam.
- Die strahlende Wärme der Sensitiven ist sprichwörtlich – sie schwitzen leicht, ihre animalische Wärme kann man unter Umständen noch bis zu einer Entfernung von einem Meter spüren.

Natürlich gibt es noch eine ganze Menge mehr typischer Anzeichen für das Vorliegen von Sensitivität, wobei Sie jedoch nicht auf den Irrtum verfallen sollten, Sensibilität mit Sensitivität gleichzusetzen. Menschen, deren Nervenkostüm angegriffen ist, mögen sensibel, müssen aber noch lange nicht sensitiv veranlagt sein.

Pendler des Teufels

Im thüringischen Sondershausen ermordeten 1993 drei 17jährige einen zwei Jahre jüngeren Schüler – im Namen des Teufels. Diese schreckliche Tat mag auf den ersten Blick nichts mit dem sanften Schwingen eines Pendels zu tun haben. Trotzdem sollen an dieser Stelle Entgleisungen in Okkultismus-Wahn angedeutet werden, denn gerade Sensitive müssen sich vor einer solchen Entwicklung hüten.

Es ist nicht leicht, hinter die Kulissen spiritistischer Praktiken zu schauen. Da werden unter höchster Geheimhaltungsstufe schwarze Messen veranstaltet, die ihresgleichen suchen. Natürlich besteht dabei die Gefahr, diese Tendenz entweder zu dramatisieren oder zu verharmlosen. Doch die spektakuläre Mordtat der drei Gymnasiasten, die sich Kinder Satans nannten, darf nicht als gewöhnlicher Mord abgetan werden. Der Erfurter Arbeitskreis Sekten Thüringens verkündet lapidar, der Mord sei nicht als Folge eines satanistischen Rituals anzusehen, sondern auf eine gegen Null herabgesenkte Gewalthemmschwelle. Woher diese Gewalt? Welche Gefahr erwächst da neben dem Rechtsradikalismus?

Der sogenannte böse Satanismus ist unorganisiert; die lose zusammengewürfelten Gruppen meist jüngerer Menschen lösen sich in der Regel nach kurzer Zeit wieder auf. Doch genau ihnen schreiben sowohl Kirche als auch Religionswissenschaft eine hohe kriminelle Energie zu. Kein Wunder, wirft man einen Seitenblick auf gewaltverherrlichende Horror-Videos, -Comics und -Computerspiele, aber auch auf die satanistischen Texte von Black Metal-Bands.

Da muß es einen nicht wundern, wenn die jugendlichen Mörder ihre Tat wie folgt begründeten: „Wir sind Kinder des Satans. Der Tod ist für uns der Zustand absoluter Erfüllung.“ Zum Glück leben nicht alle Satanismus-Anhänger ihren Glauben solchermaßen aus. Dennoch gibt es immer wieder gegenläufige Meldungen aus aller Welt: So beispielsweise aus dem südafrikanischen Kapstadt, wo eine jugendliche Sekte im Namen Satans unbeliebte Mitschüler mißhandelte.

Das Weltbild vieler Heranwachsender ist heute vom sogenannten magischen Denken beeinflußt. Nach einer Umfrage glauben 36 Prozent der Jugendlichen an die Existenz des Teufels. 48 Prozent sind der festen Überzeugung, daß es Himmel und Hölle tatsächlich gibt. In dieses Weltbild passen natürlich auch Geister, gute wie böse. So halten 20 Prozent der befragten Jugendlichen Hexen für reale Wesen; mehr als ein Drittel glaubt an schwarze Magie. Einer Befragung von rund 4 000 bayerischen Schülern hat ergeben, daß knapp ein Drittel der Mädchen und zwölf Prozent der Jungen Gläserrücken oder Pendeln schon einmal ausprobiert haben. Auch Wahrsagerei mit Hilfe von Karten praktizieren rund doppelt so viele Mädchen wie Jungen.

Trotz geringer wissenschaftlicher Erkenntnisse über das Phänomen Jugend-Okkultismus gibt es einen Trend: Nach Angaben von Lehrern steht vor allem der Spiritismus im Vordergrund; Teufelsanbetung oder schwarze Messen sind dagegen in der Praxis weit weniger verbreitet als befürchtet.

Viele Jugendliche unternehmen die Reise ins Übersinnliche aus Neugierde oder als Mitläufer. Drei Viertel der Befragten verloren nach einer oder wenigen okkulten Sitzungen das Interesse. Von einer „Okkultismus-Welle“ kann deshalb keine

Rede sein. Wirklich gefährliche Auswüchse finden nur selten statt. Daß die Jugendlichen ihren Hang zum Mystischen mit ganz normalen Pubertätsproblemen erklärten, wäre den meisten Erwachsenen wohl am liebsten. Doch dem ist nicht so. Während Mädchen vor allem angeben, aus Einsamkeit oder Lebensangst okkulte Praktiken auszuüben, finden sich Jungen eher in die Rolle von Satanspriestern, „aus Liebe zur Finsternis" oder „weil ich mehr Macht haben will". Darüber hinaus sind für Jungen auch sexuell aggressive Motive von Bedeutung, während bei Mädchen eher ein Bedürfnis nach Sicherheit im Vordergrund steht.

Man muß davor warnen, das Verhalten der Jugendlichen als bloße pubertäre Übergangserscheinung abzutun. Die Lebensphase bis zum Erwachsenwerden ist nun mal prägend. Psychologen sehen als Gründe für gefährliche satanistische Hobbys unter anderem auch zunehmende Leistungsanforderungen und schulischen Druck. Desillusionierung und Werteverfall bei den Jugendlichen können die fatale Folge sein; dazu kann die Bereitschaft zu irrationalen Handlungen wachsen. Viele psychisch labile Menschen fühlen sich gerade in der Pubertät zu einer Art menschenverachtendem Satanismus hingezogen – nicht immer aus purer Langeweile. Etwa drei Viertel aller Berliner Schüler zwischen 13 und 20 Jahren wissen, was bei Satansmessen vor sich geht. Sie können Kontaktaufnahmen mit verstorbenen Verwandten herstellen und kennen die Spielregeln bei zukunftsweisendem Kartenlegen. Besonders erschreckend dabei ist: Rund fünf Prozent der Schüler beteiligen sich an Satansmessen – bei einer Umfrage unter 2 000 Jugendlichen sind das also circa 100 Kinder, die in ihrer Freizeit mit dem Teufel paktieren. Pessimistische Schätzungen gehen sogar davon aus, daß sich bis zu 80 Prozent aller Jugendlichen mit Satanismus beschäftigen, wobei die Intensität der Bindung jedoch unterschiedlich ist und nur ein Bruchteil auf Dauer hängenbleibt. Anderen Schätzungen zufolge huldigen Satan weltweit etwa zehn Millionen Menschen. Allein in Deutschland gibt es knapp 20 satanistische Gruppen und Logen. Sie heißen „Temple of Set“, „First Church of Satan“ oder „Lucifer Duo Delta“. Die Zentren der deutschen Satanisten sind Hamburg, Berlin, Hessen, das Saarland und das östliche Bayern. Sogar ganze Familien mit Kindern und Großeltern verschreiben sich Satan.

Ganz oben auf der Hitliste neuer, ehemals rein westlicher Praktiken steht Okkultes auch in den neuen Bundesländern. Riten wie Gläserrücken, Pendeln, Friedhofstreffen und schwarze Messen sind en vogue. Es ist klar, daß das gemeinsame Betrachten verbotener Horror-Videos, Friedhofsrituale und das Studium satanistischer Schriften auch Hemmschwellen beseitigen könnte, was dann schlimmstenfalls zu Hinrichtungsritualen führen kann.

Echte Satansanhänger sind scheu, und sie meiden die Öffentlichkeit. Telefonnummern sind in der Regel geheim und sollen es auch bleiben. Der Grund: Satansanhänger fühlen sich gerade wegen solcher Einzeltaten in die Nähe krimineller Gewalttäter gerückt. Kein Wunder, wenn die Regenbogenpresse sensationslüstern berichtet, daß bei Ritualen angeblich Jungfrauen auf Altären geopfert und Babys die Kehlen durchschnitten werden. Manchmal sollen auch schwarz gekleidete Jugendliche auf Friedhöfen bei Vollmond wie Werwölfe heulen.

Um Mitglied in einer satanistischen Loge zu werden, müssen bestimmte Bedingungen erfüllt werden. Man sollte plausibel erklären können, was einem Satanismus bedeutet und weshalb man ihn praktizieren möchte. Darüber hinaus sollte man bereit sein, sich einer Aufnahme-Probe zu unterziehen. Auch wenn niemand weiß, welche Tests diese Proben beinhalten – für einen echten Satanisten ist das kein Problem, denn: Ein richtiger Satanist soll angeblich derjenige sein, „wer sich nicht unterkriegen läßt, siegreich aus allem hervorgeht und nicht winselnd um Kraft beten muß". Religionswissenschaftler unterscheiden zwei satanistische Hauptrichtungen: Danach verehren einige wenige Anhänger das theologische Satansbild der Kirchen, wonach Satan das Böse ist, der Feind Gottes. Viel mehr Zulauf haben Gruppen mit selbstgezimmertem Satanismus-Weltbild. Hier ist für einen christlichen Gott kein Platz mehr. Vielmehr wird dabei Satan als der Inbegriff der Lebensenergie und der individualistischen Selbstwerdung betrachtet. Allerdings sind auch hier Rituale gebräuchlich, um Satan als Sinnbild für Lebenskraft, Kreativität und das Ausleben von Sexualität sehen zu können. Diese Rituale finden in sogenannten Tempeln statt, die in jedem x-beliebigen verdunkelten Zimmer eingerichtet werden können. Kerzen beleuchten satanistische Symbole wie etwa phallische Objekte und Pentagramme, aufgebaut auf einem „Altar". Wird beispielsweise ein Liebeszauber beschworen, sind persönliche Gegenstände des Opfers Voraussetzung: Ringe, Haare oder ein Kleidungsstück. Nacktheit und das Einnehmen von Drogen vervollständigen die satanistische Prozedur – und immer wieder auch der Pendel, obwohl der eigentlich an einen anderen Platz gehört.

Die öffentliche Meinung steht dem Phänomen Satanismus recht hilflos gegenüber. Die Sektenbeauftragten haben Angst, daß durch zu großes Aufbauschen einiger Vorfälle mehr

Schaden angerichtet werden könne als durch Totschweigen. Meist will man von der Existenz von Grufties und okkulten Praktiken nichts wissen. Auch die Polizei stößt in das gleiche Horn: Umgeworfene Grabsteine, blutige Schmierereien und getötete Schafe werden lieber Betrunkenen zugeschrieben, als daß man sich dem Thema ernsthaft widmet. Nur allmählich lassen sich Schulpsychologen, Sektenberatungsstellen und Kirchenvertreter von der „Teufelsanbeterei“ aufschrecken.

Pendelarten und Sensitivität

Nach diesen einleitenden Vorbemerkungen über Pendel, Pendelschwingungen, Geschichte des Pendelns, Pendelfähigkeit und Auswüchse des Pendelns geht es jetzt allmählich daran, daß Sie beginnen, sich selbst in dieser Kunst zu üben. Doch sind hierzu noch einige Bemerkungen über die verschiedenen Pendelarten, Pendelkörper, Pendelmaterialien und Pendelaufhängungen vonnöten, denn Sie werden sich schließlich einen ganz persönlichen Pendel wünschen, der Ihren Vorstellungen in jeder Weise entspricht und auch astrologisch zu Ihnen paßt. Des weiteren benötigen Sie vor dem Einstieg in die Praxis natürlich noch Informationen über so entscheidende Dinge wie Pendelhaltung und die Deutung der Pendelbewegungen, die mit einem Kapitel über mögliche Störungen bei der Pendelarbeit abgerundet werden.

Das Angebot der verschiedenen Pendelarten steht – um es einmal mit einem alltäglichen Gebrauchsgegenstand zu vergleichen – dem Angebot von Automarken und -typen mit Sicherheit nicht nach. Die grundlegenden Auswahlkriterien Material, Form, Gewicht und Farbe haben zu einer geradezu exzessiven Marktsituation geführt, allein schon, was den Bereich der käuflich erwerbbaren Pendel betrifft. Berücksichtigt man dazu noch das unendliche, der jeweiligen Phantasie überlassene Spektrum im Bereich derjenigen Pendel, die durch Eigenbau angefertigt werden können, so steht der Pendelanfänger vor einem gewiß nicht zu unterschätzenden Problem. „Welcher Pendel paßt nun eigentlich zu mir?“ können Sie sich fragen, und die Beantwortung dieser Frage ist bestimmt nicht einfach.

Eines jedoch sollten Sie hierzu wissen, bevor Sie sich an den nachfolgenden kurzen Abriß über die gängigsten Pendelkörper und -materialien machen: Höchst sensitive Menschen brauchen zum „Pendeln" überhaupt keinen Pendel – sie können dank ihrer Veranlagung auf jegliche Hilfsinstrumente verzichten, wenn sie unter dem Einfluß der „großen Kraft" suchen und messen. Diese begnadeten Personen sind jedoch nur äußerst selten anzutreffen. Eher noch als in unserem Kulturkreis, in dem Menschen mit unerklärbaren Fähigkeiten gerne als Spinner abgetan werden und deshalb stets Gefahr laufen, ihr verkanntes Dasein innerhalb der Mauern von psychiatrischen Anstalten verbringen zu müssen, dürften solche Personen wohl unter den Schamanen und Medizinmännern unserer noch verbliebenen Naturvölker zu finden sein.

Die nächste Abstufung nach unten in der Gradeinteilung der Sensitivität führt zu den Menschen, die zwar ein Instrument zum Pendeln benötigen, wobei es letztlich aber gleichgültig ist, ob es sich bei dem Pendelkörper um einen Hosenknopf oder einen goldenen Ohrring handelt. Diese Menschen sehen in dem Pendel lediglich das, was es eigentlich sein sollte, nämlich ein Instrument, mit Hilfe dessen sie aufgrund der auftretenden Schwingungen ihre Aussagen treffen können.

Als letzte Gruppe vor denjenigen, die überhaupt nicht in der Lage sind zu pendeln, stehen die Menschen, die unbedingt ihren persönlichen Pendel brauchen – in etwa so, wie es Menschen gibt, die beispielsweise nur in blauen Autos mit bestimmten Sitzen und einer favorisierten Reifengröße fahren wollen oder können. Es handelt sich bei dieser Bemerkung keinesfalls um eine Wertung, sondern um die reine Fest-

Pendel und Sensitivität

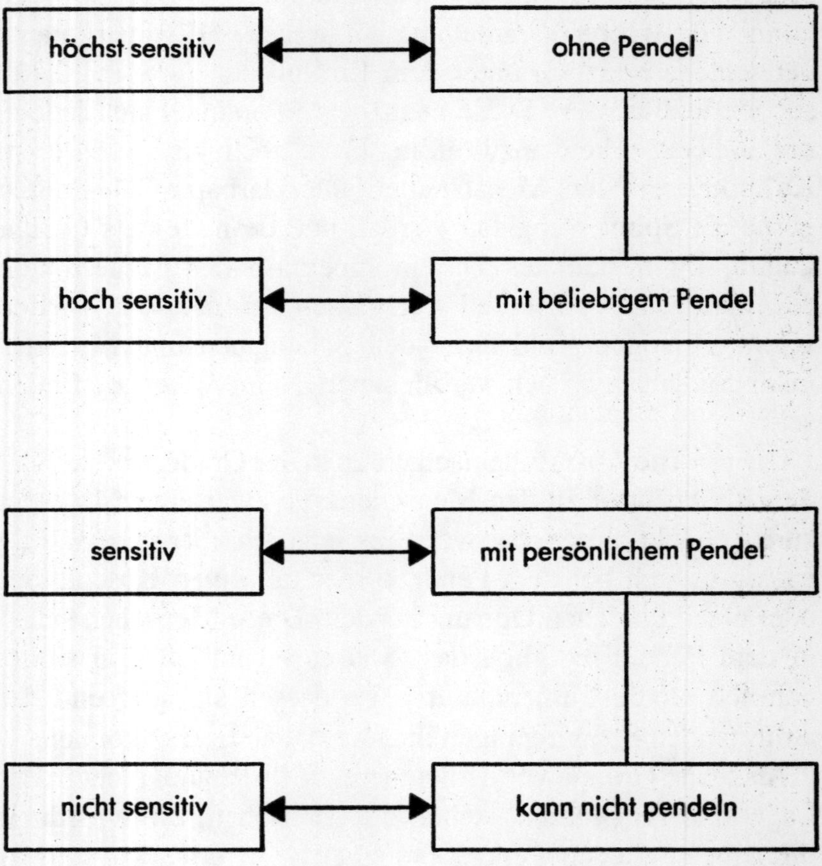

Abb. 5

stellung des menschlichen Phänomens „Geschmack". Denn da – um bei dem Vergleich zu bleiben – jedes Auto über vier Räder, ein Lenkrad, einen Motor und ein Gaspedal verfügt, könnte es an und für sich egal sein, wie schwer es ist und welche Form oder welche Farbe es hat. Doch ist der Mensch als Opfer der freien Marktwirtschaft und des damit verbundenen Überangebots innerhalb der einzelnen Produktgruppen im wahrsten Sinne des Wortes auf den „Geschmack" gekommen, der dazu angetan ist, den eigentlichen Sinn und die bloße Funktion einer Sache in den Hintergrund zu drängen.

Trotz dieser Anlehnung an andere Produkte unseres täglichen Lebens unterscheidet sich die „Ware" Pendel doch ganz wesentlich in einem bestimmten Punkt: Der Vorgang des Pendelns und seine sichtbare Auswirkung, nämlich die Ausschläge, sind mit den uns zur Verfügung stehenden Mitteln nicht erklärbar. Somit wird es auch verständlich, daß gerade in der Gruppe der sensitiven Menschen der Wunsch nach einem sehr persönlichen Pendel zu finden ist, der neben der reinen Instrumentenfunktion auch noch andere, mit der „großen Kraft" unmittelbar in Bezug zu setzende Attribute aufweisen soll. Je nach Tierkreiszeichen herrschen – wie wir später noch genauer sehen werden – gewisse Sympathien für bestimmte Farben oder Materialien vor, denen natürlich nachgegeben werden sollte.

Es ist also weniger einem überzeichneten Konsumdenken gleichzusetzen, wenn sich der Pendelanfänger ein Instrument aus einem bestimmten Material und von genau festgelegter Form und Farbe wünscht, sondern viel eher als Ausdruck einer anfänglichen Unsicherheit zu sehen, so daß der Pendler hiermit einen vielleicht nur vermeintlichen Mangel an Sensitivität auszugleichen versucht. Dieses keinesfalls überzubewertende Schwächezeichen mag mit zunehmender Sicherheit und mit dem Anwachsen der noch ungeübten sensitiven Energien wieder verschwinden, und meist ist es ein Zufall, der langjährigen Pendlern den Weg aus dieser Zwangslage aufweist: Wird der persönliche Pendel einmal versehentlich irgendwo liegengelassen und es ergibt sich, daß trotzdem gependelt werden muß, dann finden diese Menschen plötzlich mit Erstaunen heraus, daß es mit einem Kieselstein und einem Stück Angelschnur ebensogut geht wie mit dem persönlichen Pendel, auf den man doch so eingeschworen war.

Pendelkörper – Form und Gewicht

Über die Beschaffenheit der Pendelkörper, insbesondere was Form und Gewicht anbelangt, wurde eine Menge geschrieben – und eine Menge Unsinn dazu. Es ist kein billiger Scherz, sondern eine Tatsache, daß selbst Pendler mit langjähriger Erfahrung über ein reichhaltiges Sortiment von Pendeln verfügen, die allesamt ständig im Einsatz sind, je nach dem, was oder wer gerade ausgependelt wird. In manchen Fällen wird sogar ein „Extra-Pendel" eingesetzt, um zunächst einmal auszupendeln, mit welchem Instrument überhaupt gearbeitet werden soll.

Dies geht natürlich zu weit und macht aus dem einfachen Hilfsinstrument ganz entschieden einen Kultgegenstand, der mit seiner eigentlichen Bestimmung nichts mehr gemein hat. Damit Sie sich vor derartigen Entgleisungen gleich von vornherein schützen können, scheinen ein paar grundlegende und zwingende Richtlinien für die Form und das Gewicht eines Pendels angebracht zu sein (vgl. Abb. 6, Seite 56).

Zunächst einmal sollte jeder Pendel symmetrisch sein, denn durch diese Form wird das Ablesen selbst kleinster Ausschläge ungemein erleichtert. Zudem können Benutzer von asymmetrischen Pendeln Gefahr laufen, durch die rechts oder links der Längsachse abweichende Form abgelenkt zu werden und so Fehldeutungen provozieren, was sich beispielsweise auf dem Gebiet der Landkartenlesung geradezu verheerend auswirken kann.

Ein weiterer Punkt, der Ihre Beachtung verdient, ist die Beschaffenheit des Pendels an seinem tiefsten Punkt. Diese

Formen von Pendelkörpern

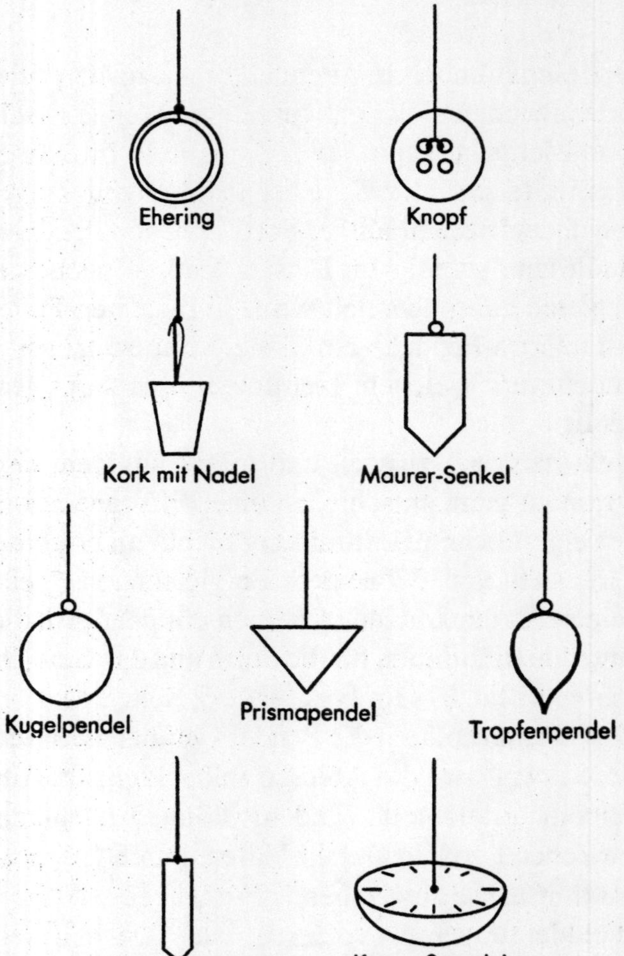

Abb. 6

Stelle sollte unbedingt eine Spitze aufweisen, damit das Instrument seiner Funktion als Zeiger auch gerecht werden kann. Wie bitte wollen Sie mit einem kugelrunden Pendel die genauen Koordinaten über einer Landkarte bestimmen, bei deren Festlegung jeder Millimeter durch die Hebelwirkung des Maßstabs beträchtliche reale Entfernungen ausmachen kann? So eignet sich ein längerer Zylinder, der an seinem unteren Ende spitz zuläuft, weitaus besser zum exakten Pendeln als beispielsweise ein Ring oder eine Taschenuhr. Als einfacher und zugleich billig zu erwerbender Pendelkörper erweist sich ein sogenannter Maurersenkel, mit dessen Hilfe die Senkrechten von Bauwerken ausgelotet werden.

Natürlich spielt bei der Form des Pendels neben diesen durchaus praktischen Aspekten auch die persönliche Neigung für die eine oder andere Gestalt eines Pendels eine Rolle, der Sie getrost nachgeben sollten. Und falls Sie unter den Angeboten auf dem freien oder privaten Markt keinen Pendel finden, der Ihren individuellen Geschmack trifft, dann steht es Ihnen immer noch frei, sich selbst einen Pendelkörper nach Ihren Vorstellungen anzufertigen oder von einer Werkstatt anfertigen zu lassen. Dieses könnte der Fall sein, wenn Sie vorhaben, experimentell zu arbeiten, und Versuche darüber anstellen wollen, wie sich verschiedene Inhalte in einem hohlen Pendelkörper auf die Schwingungen auswirken. Nun hat dieses Vorgehen einen kleinen Nachteil, der sich auf die Ergebnisse Ihrer Experimente verfälschend auswirken könnte: Denn haben Sie beispielsweise den Bauch Ihres Pendels mit Goldstaub gefüllt und wollen in einem nächsten Versuch eine bestimmte Kaffeesorte in Ihren Pendel einschließen, so könnten eventuelle Rückstände des Goldpuders

Pendelgewicht

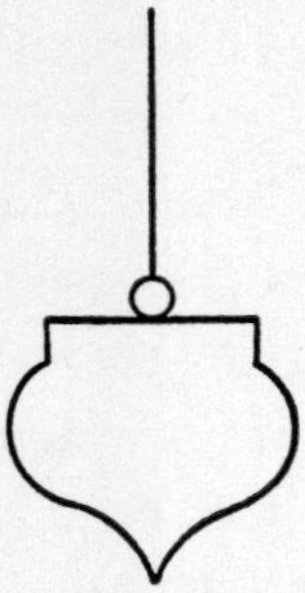

Normalpendel bis 65 Gramm

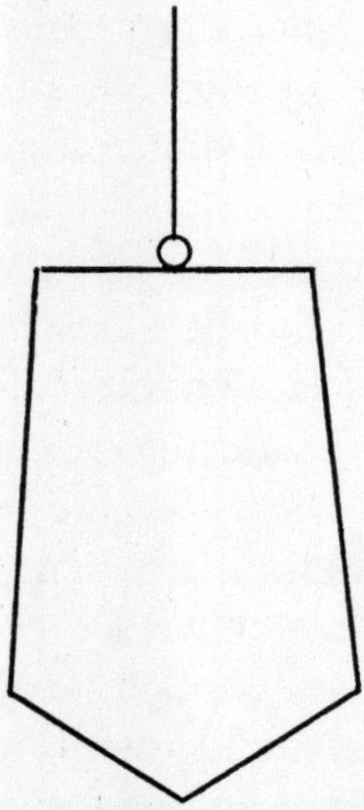

Schwerer Geländependel ab 150 Gramm

Abb. 7

Auswirkungen auf den kaffeebestückten Pendelkörper haben, dessen Ausschläge Sie nun nicht mehr eindeutig zuordnen könnten.

Was das Gewicht des Pendels betrifft, gehen die Meinungen in der greifbaren Fachliteratur auseinander – so weit sogar, daß in einem Buch steht, ein Pendel sollte keinesfalls mehr als 65 Gramm wiegen, und in einem anderen, daß zuverlässige Ergebnisse nur mit schweren Pendeln von über 150 Gramm zu erzielen wären. Noch einmal soll deshalb an dieser Stelle vor dem grundlegenden Irrtum gewarnt werden, die Ansichten eines Fachbuchautors einfach zu übernehmen und unverändert auf seinen persönlichen Fall zu beziehen. Vielmehr gilt es, diese Informationen, die lediglich die wirklich nur personenbezogenen Erfahrungen des jeweiligen Autors widerspiegeln, zu sammeln, um sich so ein möglichst vollständiges Bild von dem breiten Spektrum der Pendelpraxis zu verschaffen, das zusammen mit den eigenen persönlichen Erfahrungen die Basis für die erste Versuchsperiode mit dem Pendel darstellt. Mit zunehmender Praxis werden dann die angelesenen Fremdinformationen in den Hintergrund treten, um den anwachsenden eigenen Erfahrungen Raum zu verschaffen – ein natürlicher Vorgang, der zum Erlangen eines persönlichen Stils unabdingbar ist.

Als groben Ausgangspunkt, der mit ein wenig Logik auch selbst zu ermitteln ist, sollten Sie das Pendelgewicht zunächst einmal von den Gegenständen, die Sie bependeln, abhängig machen. Suchen Sie im Umhergehen den Boden nach Wasser oder Erzen ab, dann brauchen Sie natürlich einen möglichst schweren Pendel, damit sich Ihre Gehbewegungen allenfalls geringfügig auf die Schwingungen des Pendels übertragen.

Haben Sie dagegen vor, Landkarten in großem Maßstab abzusuchen und Schnittstellen zu finden, ist ein schwerer Pendel natürlich ungeeignet: Für diesen Fall erweist sich ein kleiner und leichter Pendelkörper als wesentlich feinfühliger und genauer. Von der Verwendung von Hohlpendeln, in deren Bauch Sie verschiedene Substanzen einfüllen können, sollten Sie zu Anfang Ihrer Übungen noch Abstand nehmen und sich diese Variante des Pendelns für einen späteren Zeitpunkt aufheben, an dem Sie nicht mehr mit den ersten Anfangsschwierigkeiten zu kämpfen haben.

Als Empfehlung soll deshalb stehen, daß Sie sich zunächst mit zwei Pendelkörpern versorgen, von denen einer zwischen 20 und 50 Gramm und der andere zwischen 100 und 200 Gramm wiegen sollte. Die Form beider Pendel bleibt Ihnen überlassen, doch sollte zumindest der leichte Pendelkörper länglicher Art sein und das untere Ende in eine Spitze auslaufen. Derart gewappnet, besitzen Sie ausreichend Gerät, um die Grundübungen zu absolvieren und ein Gefühl für die Arbeit mit diesem Instrument zu bekommen.

Pendelkörper – Material und Farbe

Auch bei den Auswahlkriterien Material und Farbe verhält es sich so, daß sie für hoch sensitive Menschen gänzlich ohne jede Bedeutung sind, da sie praktisch mit jedem Pendelkörper zu hervorragenden Ergebnissen kommen, egal, ob er nun aus Holz, Glas, Metall, Plastik, Stein, Bein, Wachs, Gold, Silber oder Platin ist, um nur eine Auswahl möglicher Stoffe aufzuzeigen.

Bei nur einfach sensitiven Personen, aber auch bei Pendelanfängern dagegen kann dieser Aspekt durchaus eine Rolle spielen, da zu den einzelnen Materialien gewisse Sympathien und Antipathien bestehen können. So gibt es Menschen, die beispielsweise mit Holz überhaupt nichts anfangen können, dagegen jedoch eine ausgesprochen gute Beziehung zu Kunststoff oder Metall haben oder umgekehrt. Diesen Neigungen soll natürlich nachgegangen werden, um einem eventuellen, vom Unterbewußtsein gesteuerten Fehlverhalten des Instruments vorzubeugen.

Als grober Anhaltspunkt soll hier – was die Metalle anbelangt – eine kleine Tabelle dienen, die das jeweilige Sternzeichen zum Ausgangspunkt hat, nach dem sich bestimmte Vorlieben für das eine oder andere Material sowie die Farbe ergeben:

Sternzeichen	**Metall**	**Farbe**
Wassermann	Blei	Indigo
Fische	Zinn	Grau, Blau
Widder	Eisen	Rot
Stier	Kupfer	Gelb
Zwillinge	Quecksilber	Violett
Krebs	Silber	Grün, Weiß
Löwe	Gold	Orange
Jungfrau	Bronze	Blau, Violett
Waage	Kupfer	Gelb, Rosa
Skorpion	Eisen	Rot, Schwarz
Schütze	Zinn	Blau, Purpur
Steinbock	Blei	Braun, Rot
(Nach: Hedy Brusius, Edelsteine bringen Glück. Ariston Verlag 1975, Seite 86 bis 87)		

Als weiterer Anhaltspunkt für die Wahl des passenden Materials kann – was die Edelsteine anbelangt – die nachfolgende Tabelle dienen, die den wichtigsten Edelsteinen bestimmte Charaktereigenschaften zuordnet, die mit denen des Trägers möglichst übereinstimmen sollten:

Edelstein	**Charaktereigenschaften**
Diamant oder Brillant	Gerechtigkeit, Geselligkeit, Führungsqualitäten, Lebensfreude
Saphir und Koralle	eher konservative Grundhaltung, gesundes Standesbewußtsein
Rubin und Perle	extrem konservativ, Neigung zum dünkelhaften Verhalten
Amethyst	unaufdringlich, schüchtern, labil
Türkis	Sensibilität und hohe bis höchste Sensitivität
Mondstein und Opal	mystische Eigenschaften
Smaragd	leidenschaftlich und nervenstark
Gold	Wärme, Herz, Männlichkeit
Silber	Kälte, Vernunft, Weiblichkeit
Platin und Weißgold	indifferent, kompliziert, aber aufgeschlossen

(Nach: Peter Werens, Menschenkenntnis. Compact Verlag 1987, Seite 147 bis 149)

Natürlich sollten Sie diese Art von Tabellen nicht überbewerten, da sie lediglich mögliche Affinitäten widerspiegeln. Keinesfalls dürfen Sie sich deshalb erhoffen, daß Sie mit Hilfe eines Smaragds die Eigenschaften Leidenschaft und Nervenstärke erhalten – vielmehr zeigt diese Aufstellung nur, daß, um bei dem Beispiel zu bleiben, Menschen, deren überwiegende Charaktereigenschaften Nervenstärke und Leidenschaft sind, eher zu Smaragden neigen als andere Menschen.

Ähnlich verhält es sich auch bei den Farben, wobei Sie ebenfalls eine Tabelle zu Hilfe nehmen können, aus der ersichtlich ist, welche Menschen welche Farben bevorzugen:

Farbe	**Charaktereigenschaften**
Orange	Kreativität, Phantasie und Ideenreichtum, aber auch Unzufriedenheit, Maßlosigkeit, Ziellosigkeit und Willensschwäche
Rot	Mut, Energie, Ehrgeiz, Unternehmungslust, aber auch Unbeherrschtheit, Jähzorn, ungeordnetes Gefühlsleben
Gelb	Temperament, Interessenreichtum, Aktivität, aber auch Zynismus, übertriebener Ehrgeiz, Unbeständigkeit

Farbe	Charaktereigenschaften
Grün	künstlerische Veranlagung, Frische, Natürlichkeit, Unkompliziertheit, aber auch Faulheit, Egoismus, Spieltrieb, Hang zum Verniedlichen, exzessive Lebensführung
Blau	Intelligenz, Beständigkeit, Harmonie, Verträglichkeit, Zuverlässigkeit, aber auch überstarke Sensibilität, Emotionslosigkeit
Violett	Phantasie, Individualität, Unabhängigkeit, aber auch Hang zur Gefahr, Unausgeglichenheit, Zwiespältigkeit
(nach: Peter Werens, Menschenkenntnis. Compact Verlag 1987, Seite 139 bis 140)	

Benutzen Sie diese Tabellen als kleinen Anhaltspunkt, falls Sie selbst keine vorherrschenden Neigungen zu einem bestimmten Material oder zu einer bestimmten Farbe verspüren, doch legen Sie nicht allzuviel Gewicht in die angeführten Interpretationen. Der persönliche Pendel stellt lediglich ein Übergangsstadium dar, nach dessen Durchlaufen Sie praktisch mit jedem Pendelkörper arbeiten können, egal, ob es sich dabei um einen gerade gefundenen Kieselstein, ein Hufeisen oder eine Krawattennadel handelt.

Pendelfaden oder -kette?

Nachdem für die Arbeit mit dem Pendel nicht nur der Pendelkörper, sondern auch eine entsprechende Aufhängung benötigt wird, die ihm ermöglicht, in Schwingungen zu fallen, bietet sich hier ein weiterer Ansatzpunkt für breit angelegte Fetische.

Die verschiedenen Empfehlungen für die eine oder andere Aufhängung erstrecken sich nicht nur auf besonders „geeignete" Materialien, sondern sie machen auch nicht vor der Art der Befestigung des Fadens am Pendelkörper halt. Von Frauen- oder Pferdehaar ist da die Rede – aber bitte keine Wolle –, von dünnen „Doppelbändern" (was immer das auch sein mag), von Leinen- und Hanfschnüren sowie nicht zu dünnen Naturseidenfäden. Weiterhin wird empfohlen, den Faden im Abstand exakt festgelegter Entfernungen von der Öse mit Knoten zu bestücken, von denen einige nur einfach, andere doppelt geschlagen sein sollen.

Wenn Sie solche oder ähnliche Anweisungen lesen, sollten Sie nicht gerade darüber lachen, aber diesen Forderungen auch nicht unbedingt nachkommen. Sehen Sie diese Informationen als das an, was sie darstellen: den Erfahrungsausfluß eines einzelnen Pendlers, der diesen schriftlich niedergelegt und der Allgemeinheit zugänglich gemacht hat. Über den Sinn solchen Vorgehens kann man streiten, denn dieser Mitteilungsdrang hat nicht nur den Vorteil, die Neugierde der Leser zu befriedigen oder sogar Tips zu geben. Die große Gefahr – und das betrifft Lehrbücher zu allen Disziplinen, die nicht mittels exakter Messungen unterbaut werden können – besteht darin, persönliche und ganz individuell gefundene Ergebnisse zu

Pendel-Aufhängung

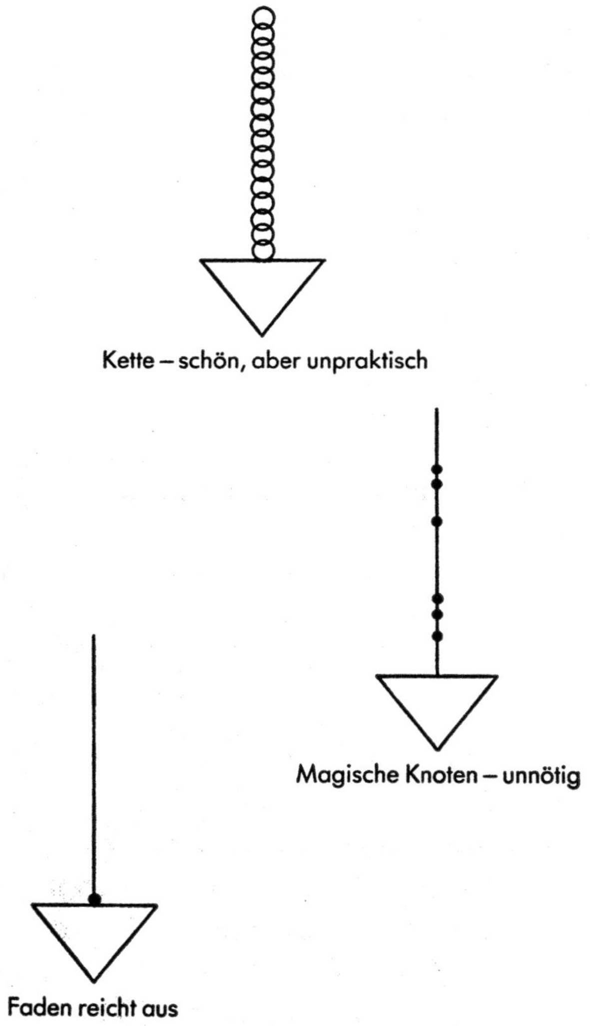

Abb. 8

Gesetzmäßigkeiten zu erklären und auf den „Rest" der Anwender übertragen zu wollen. Das geht natürlich nicht, denn ein persönliches Ergebnis kann nicht projiziert werden, hängt es doch unmittelbar mit der experimentierenden Person zusammen. Vielmehr können solche als Gesetzmäßigkeiten verkauften individuellen Erfahrungen allerhöchste Verwirrung stiften, wenn es plötzlich einfach nicht so klappt, wie es so schön beschrieben wurde.

Vergessen Sie deshalb alles, was Sie bisher über den Punkt „Pendelaufhängung" gehört oder gelesen haben, und nehmen Sie, was Ihnen am meisten zusagt. Auch bei der Knüpfung „magischer" Knoten sollen Sie absolut freie Hand haben und dabei ein wenig nach Ihrer Eingebung gehen. Zu der Frage „Faden oder Kette?" kann die logische Überlegung weiterhelfen, da sich dieser Punkt ausschließlich nach dem Gewicht des verwendeten Pendelkörpers richtet. Einen Faden können Sie zu jedem Pendel nehmen, egal ob er nun 20 Gramm oder 200 Gramm wiegt. Einen 20-Gramm-Pendel jedoch mit einer Kette zu bestücken, deren Eigengewicht unter Umständen das des Pendelkörpers übertrifft, kann sich als ausgesprochen unsinnig erweisen und zu falschen Meßergebnissen führen. Als Fazit zu diesem Aspekt soll deshalb die grobe Anweisung stehen: Faden immer – Kette nur bei schweren Pendelkörpern.

Ob die Wahl der Kette nun auf Gold, Silber oder auch ein anderes Material fällt, ist ganz entschieden Geschmackssache, wobei natürlich zu einem goldenen Pendelkörper eine entsprechende goldene Kette weitaus besser paßt als beispielsweise eine Kette aus Aluminiumkügelchen. Fällt Ihre Wahl auf einen Nylonfaden, so werden Sie bald bemerken, daß dieser für leichtere Pendel nicht gerade ungeeignet ist, aber doch ein höchst eigenwilliges Verhalten aufweisen kann. Transportieren Sie nämlich den Pendel in einer Tasche und der Nylonfaden wird dabei verknäult, so kann es vorkommen, daß er beim anschließenden Pendeln nicht mehr auszubügelnde Verdrehungen beibehält, was anfängliche verwirrende Drehbewegungen des Pendelkörpers zur Folge haben kann.

Ausgerüstet mit diesen grundsätzlichen Hinweisen, wird es Ihnen nicht schwerfallen, eine passende Aufhängung für Ihren Pendelkörper zu finden; legen Sie aber nicht allzuviel Energie in diese vorbereitenden Maßnahmen – viel wichtiger als das Material der Pendelaufhängung ist die Länge des Pendelfadens, auf die im folgenden Kapitel eingegangen wird.

Die Fadenlänge

In einigen Lehrbüchern über das Pendeln können Sie lesen, daß die Fadenlänge zwischen sechs und sieben Zentimeter betragen soll, in anderen wiederum steht geschrieben, daß der Faden zwischen 14 und 17 Zentimeter lang sein soll, um zu brauchbaren Ergebnissen zu kommen.

Sie werden bereits ahnen, daß es sich bei derartigen Angaben ebenfalls um ganz persönliche Maße handelt, die natürlich keinesfalls pauschaliert werden dürfen. Als maximale Länge für Pendelkörper mit einem Gewicht bis zu 100 Gramm nehmen Sie am besten einen Faden von 30 Zentimetern, bis zu 200 Gramm einen Faden von 60 Zentimetern und für schwere Geländependel, die im Umhergehen benutzt werden, setzen Sie die maximale Länge auf einen Meter fest.

Nun, diese Angaben zu den maximalen Fadenlängen stellen natürlich nur Richtmaße dar, die keineswegs zwingend sind – jedoch ist es ziemlich unwahrscheinlich, daß Sie bei Ihrer Arbeit mit dem Pendel noch längere Fadenmaße benötigen werden. Um auch hier eventuellen Mißverständnissen vorzubeugen, sei gesagt, daß die maximale Länge nichts mit der Fadenlänge zu tun hat, mit der Sie letztendlich arbeiten werden. Diese Länge stellt lediglich eine Begrenzung dar, deren Überschreiten wegen einer möglichen Beeinflussung der Pendelausschläge zu falschen Meßergebnissen führen könnte.

Nehmen Sie nun Ihren Pendel zur Hand, um ein Gefühl für die richtige Fadenlänge zu bekommen, die für das Ergebnis einer Lesung – wie die Arbeit mit dem Pendel auch genannt wird – von größter Bedeutung ist. Halten Sie den Pendel

Fadenlänge

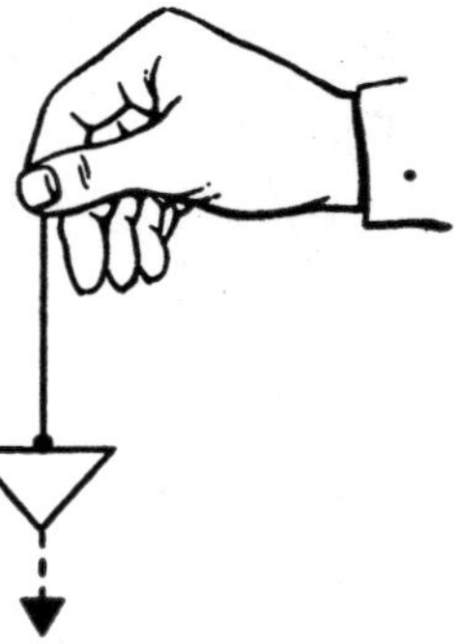

Faden zu kurz, Pendel schwingt nicht

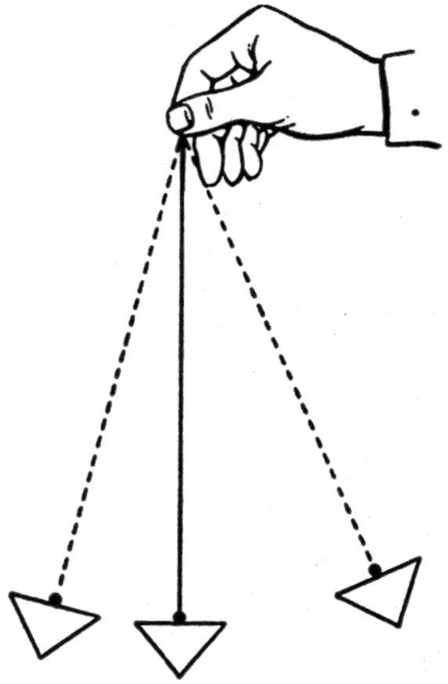

Faden zu lang, Pendel ist manipulierbar

Abb. 9

zunächst mit einer Fadenlänge von einem bis drei Zentimetern, also relativ kurz. Sie können jetzt feststellen, daß jegliche Pendelbewegung ausbleibt, einfach weil der Hebel zwischen Ihren Fingern und dem Pendelkörper so kurz ist, daß er einer starren Verbindung nahekommt. Selbst wenn Sie Ihren Pendel absichtlich in Schwingung versetzen, wird er mit dieser geringen Fadenlänge sofort wieder in den Ruhezustand zurückkehren und sich ausschließlich nach den Gesetzmäßigkeiten der Schwerkraft orientieren. Probieren Sie jetzt durch langsames Zugeben der Fadenlänge den Grenzpunkt zu ermitteln, an dem diese kurze Stillstandslänge in einen Bereich übergeht, in dem Ihr Pendel von selbst auszuschlagen beginnt. Während dieser Übung können Sie durch leichte Bewegungen der haltenden Hand die Schwingungen auch manipulieren, um festzustellen, ob die Pendelausschläge fortdauern oder eher dazu neigen, in den Ruhezustand zurückzukehren.

Haben Sie den kritischen Punkt, ab dem der Pendelkörper weiterschwingt, ohne sofort nach einer Ruhestellung zu streben, auf diese Weise ermittelt, so markieren Sie die Fadenlänge mit einem Farbtupfer, einem Stück Klebeband oder einem Knoten. Nun fahren Sie in der Übung fort und geben nach und nach immer mehr Fadenlänge zu, bis Sie am Ende angelangt sind. Konzentrieren Sie sich dabei auf Ihre Arbeit, und nehmen Sie dabei zweckmäßigerweise die Testübung aus dem Kapitel „Kann jeder Mensch pendeln?“ zu Hilfe. Sie werden zwangsläufig zu dem Ergebnis kommen, daß die Pendelübungen desto einfacher werden, je mehr Faden Sie zugeben – ganz einfach deshalb, weil bei einer maximalen Fadenlänge bereits kleinste Zuckungen der haltenden Finger den Pendelkörper in die „gewünschte“ Richtung leiten.

Wenn Sie nun für Ihre Arbeit die Pendellänge nehmen, die ein wenig, vielleicht einen halben bis einen Zentimeter, über Ihre Markierung hinausgeht, dann haben Sie für Ihren persönlichen Pendel Ihre ganz persönliche Fadenlänge, mit der Sie zu zuverlässigen Ergebnissen kommen können. Verfallen Sie bitte nicht in die Versuchung, durch eine Verlängerung der Fadenlänge zu leichteren Arbeitsbedingungen zu gelangen – dieses Vorgehen wäre glatter Selbstbetrug und ließe jede Lesung in eine manipulierte Veranstaltung ausarten.

Eine weitere Methode zur Justierung der richtigen Fadenlänge stammt von dem französischen Pendelforscher Graf Henry de France: Er kennt nicht nur die persönliche Fadenlänge, sondern zudem eine objektbezogene Pendellänge, die je nach dem variiert, welches Objekt gerade ausgependelt wird. Nehmen Sie hierzu wieder Ihren Pendel mit einer relativ kurzen Fadenlänge zur Hand, und lassen Sie ihn über einem bestimmten Objekt bedächtig hinuntergleiten. Nach de France ist die Fadenlänge genau an dem Punkt reguliert, an dem die anfängliche Strichschwingung in eine kreisförmige Schwingung im Uhrzeigersinn übergeht.

Nehmen Sie sich nun ein wenig Zeit zum Experimentieren, und versuchen Sie, die kritischen Punkte, an denen zum einen die Strichbewegung und zum anderen die Kreisbewegung einsetzt, für verschiedene Objekte zu ermitteln. Achten Sie dabei jedoch immer darauf, mit einer möglichst kurzen Fadenlänge zu beginnen und anschließend im Zeitlupentempo mit der Fadenlänge nachzugeben. Falls Sie Besitzer von zwei Pendeln verschiedenen Gewichts sind, wiederholen Sie die Versuche auch mit dem zweiten Pendel, und vergleichen Sie anschließend die gewonnenen Ergebnisse. Vielleicht können

Tabelle zur Methode von de France

Objekt	Beginn der Strichung in cm Fadenlänge		Beginn der Kreisung in cm Fadenlänge	
	Pendel I	Pendel II	Pendel I	Pendel II

Abb. 10

Sie auf diesem Wege zu allein für Sie geltenden Gesetzmäßigkeiten gelangen, die Ihnen Ihre zukünftige Arbeit mit dem Pendel erleichtern, denn beispielsweise könnten für Lebensmittel einheitliche Längen bestehen und für Fotos wiederum übereinstimmende Fadenlängen gültig sein. Wie es sich jedoch genau in Ihrem Fall verhält, kann hier nicht beschrieben werden – diesen Schritt müssen Sie selbst unternehmen. Untermauern Sie Ihre Ergebnisse möglichst mit mehreren Durchläufen, am besten auch an verschiedenen Tagen und zu verschiedenen Uhrzeiten. Und nehmen Sie dann die Werte, die am meisten übereinstimmen.

Durch diese praktische Arbeit werden Sie nun auch zu dem Resultat kommen, daß eine Kette als Pendelfaden die Arbeit nicht unbedingt erleichtert: Das Hinabgleitenlassen eines Fadens ist ohne Zweifel müheloser und zudem nicht durch Stolperschwellen behindert, wie sie die einzelnen Kettenglieder darstellen.

Der persönliche Pendel

Hat ein anderer mit Ihrem Pendel gearbeitet, so sollten Sie es vor Beginn der nächsten Lesung in die geschlossene rechte Hand nehmen und es dreimal unter starker Konzentration anhauchen.
(Greg Nielsen/Joseph Polansky, Die Magie des Pendels. Heyne Verlag 1986, Seite 53)

Was soll man von diesem Zauberspruch halten, der sehr stark an Tom Sawyers vollmondbestrahlte Friedhofsabenteuer mit einer toten Katze erinnert? Natürlich steht es Ihnen frei, sich gewissen okkulten Ritualen anzuschließen und sich im selben Atemzug auch den daraus hervorgehenden Zwängen zu unterwerfen – doch seien Sie sich immer bewußt, daß diese Handlungen in den häufigsten Fällen das Fehlen eigener Sensitivität ersetzen sollen. Überhaupt gilt als eine der banalsten Lebensweisheiten, daß der Schmuck und die Rituale dort am üppigsten anschwellen, wo am meisten zu verbergen ist. Eine alte Spielregel der Menschheit, deren Kern bereits von dem in der ersten Hälfte des 17. Jahrhunderts lebenden spanischen Schriftsteller Baltasar Gracian auf das trefflichste in seinem Buch *Hand-Orakel* entblößt wurde und hier in der Übersetzung Arthur Schopenhauers wiedergegeben wird:

Nicht, aus Besorgnis trivial zu sein, paradox werden. Beide Extreme schaden unserem Ansehen. Jedes Unterfangen, welches der Gesetztheit zuwiderläuft, ist schon der Narrheit verwandt. Das Paradoxon ist gewissermaßen ein Betrug, indem es Anfangs Beifall findet, weil es durch das Neue und Pikante überrascht: allein wenn nachher die Täuschung verschwindet und seine Blößen offenbar werden, nimmt es sich sehr übel aus. Es ist eine Art Gaukelei und in Staatsangelegenheiten der Ruin des Staats. Die, welche nicht auf dem Weg der Trefflichkeit es zu wahrhaft großen Leistungen bringen können, oder sich nicht daran wagen, legen sich auf das Paradoxe: von den Toren werden sie bewundert: aber viele kluge Leute werden an ihnen zu Propheten. Es beweist eine Verschrobenheit der Urteilskraft, und wenn es auch bisweilen nicht auf das Falsche sich gründet, dann doch auf das Ungewisse, zur großen Gefahr wichtiger Angelegenheiten.

Dieser kleine Ausflug zu längst bekannten Gesetzmäßigkeiten menschlichen Verhaltens hat Ihnen möglicherweise aufgezeigt, was es mit dem persönlichen Pendel auf sich hat. Vielleicht ein wenig hart, aber dafür um so unmißverständlicher soll also hier nochmals ausgedrückt werden, daß derartige Rituale wie das Anhauchen oder Abstreifen des Pendels allein für diejenigen in Frage kommen, die nicht richtig pendeln können. Natürlich muß in diesem Zusammenhang einlenkend angeführt werden, daß es sich mit einem persönlichen Pendel nicht anders verhält als mit Ihrem Lieblingssessel, Ihrem Lieblingsauto und – unter bestimmten Umständen – mit Ihrem Lieblingspartner. Bei all diesen Dingen und Personen gesellt sich zu der mehr oder weniger gerechtfertigten Eigentumsvorstellung der Wunsch nach ausschließlicher Nutzbarkeit. Wird diese Exklusivität gestört, wird die im Normalfall damit verbundene Freude durch einen von Typ zu Typ verschieden hoch ausfallenden Ärger verdrängt, der darauf gerichtet ist, möglichst schnell den Urzustand wiederherzustellen.

Nun, bei einem so kleinen Gegenstand wie einem Pendel dürfte es Ihnen nicht sonderlich schwerfallen, ihn einem öffentlichen Gebrauch zu entziehen, wenn Sie einen solchen nicht wünschen. Und sollten Sie doch einmal bemerken, daß Ihr Pendel von fremden Händen berührt worden ist, dann machen Sie doch einfach die Probe aufs Exempel. Gehen Sie die Übungen nochmals durch, die Sie zur Justierung der richtigen Fadenlänge durchlaufen haben – Sie werden selbst merken, daß Ihrem Pendel durch die Fremdbenutzung kein Leid angetan wurde und Ihnen auch – wie es in einigen Pendelbüchern angedroht wird – der Zugang zum Unterbewußtsein nicht verbaut worden ist.

Die Pendelhaltung

Bevor Sie mehr darüber erfahren werden, wie der Pendel am besten zu halten ist, sollten Sie sich über zwei wesentliche Dinge Gedanken machen, die über Erfolg oder Mißerfolg Ihrer Meßergebnisse mitentscheiden können. Zum einen sollten Sie – wann immer Sie Ihren Pendel zur Hand nehmen – eine kerzengerade Körperhaltung einnehmen, indem Sie die Wirbelsäule strecken und den Kopf gerade halten (vgl. Abb. 11, Seite 80). Mit „Kopf gerade“ ist das Ausbalancieren des Kopfes auf dem Hals gemeint, so daß keinerlei Muskelkraft vonnöten ist, die der Schwerkraft eines nach hinten oder vorne hängenden Kopfes entgegenwirken muß. Sie können diese Ruhestellung am besten herausfinden, indem Sie den Kopf durch leichtes Vor- und Zurückwippen zunächst in der Längsachse und dann durch ein Auspendeln in der Querachse einjustieren. Dieses Vorgehen soll Ihre Hals und Nackenmuskulatur entkrampfen und zu einer aufrechten, aber trotzdem lockeren Körperhaltung führen, in der die Chance am größten ist, sich maximal zu konzentrieren, ohne sich jedoch zu verspannen.

Zum anderen sollten Sie darauf achten, daß Sie beim Pendeln in Sitzhaltung die Füße in keiner Weise überkreuzen. Diese Mahnung soll nicht nur verhindern, daß Sie – bei übereinandergeschlagenen Beinen – zu verkrampft oder – bei gekreuzten Füßen – zu lässig sitzen, sondern in der Hauptsache, daß einer Ihrer Füße in der Luft hängt, was die Meßergebnisse entscheidend verfälschen kann. Stellen Sie beim Sitzen beide Füße mit der vollen Fläche auf den Boden, was

Körperhaltung beim Pendeln

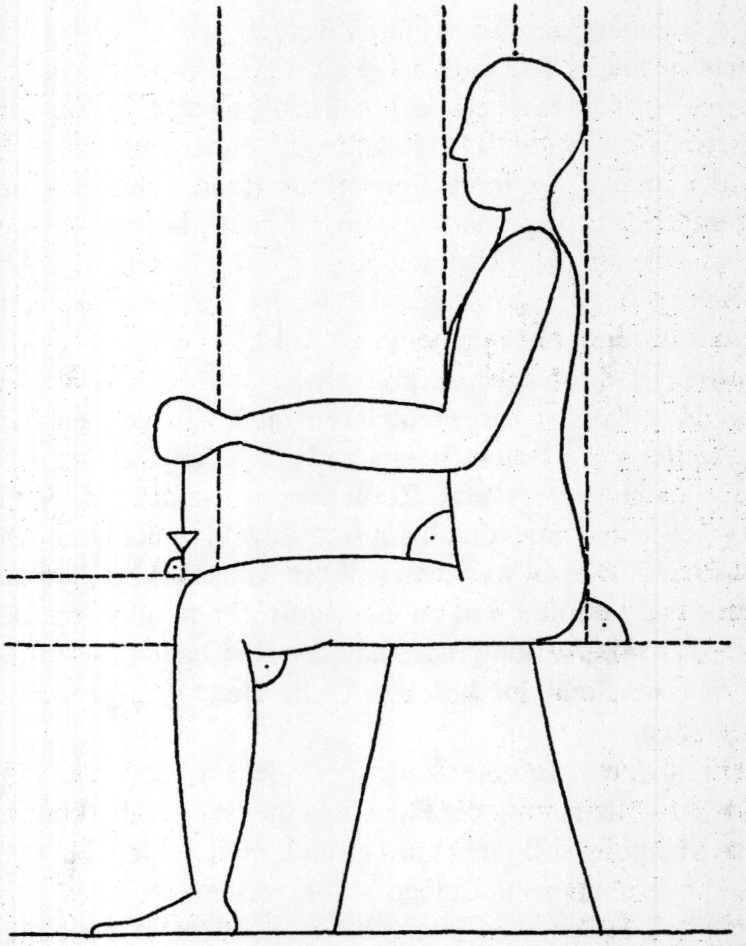

Abb. 11

am bequemsten vonstatten geht, wenn Ober- und Unterschenkel im Kniegelenk einen rechten Winkel bilden. Sehen Sie Ihre Füße als Erdung an – als leitende Verbindung, die bei von Menschenhand geschaffenen Empfangsgeräten und Hochspannungsanlagen ebenfalls notwendig ist.

Nehmen Sie nun Ihren Pendel in die Hand, so wie es Ihnen gerade einfällt und ohne groß darüber nachzudenken, welche Finger sich besonders gut dafür eignen könnten, den Pendelfaden zu umfassen (vgl. Abb. 12, Seite 82). Zwischen welchen Fingern halten Sie den Pendelfaden? Oder haben Sie das Ende des Fadens über einen Finger gehängt? Benutzen Sie die rechte oder die linke Hand, um den Pendel zu halten? Was machen Sie mit dem Rest des nicht benötigten Pendelfadens? Lassen Sie ihn frei hängen, stecken Sie ihn in die hohle Hand, oder wickeln Sie ihn kunstvoll um die anderen Finger? Haben Sie den Arm, mit dem Sie den Pendel halten, auf dem Tisch aufgestützt? Halten Sie die Pendelhand mit der anderen Hand fest? Haben Sie Ihr Gesicht und Ihren Körper beim Pendeln nach Süden gerichtet?

Sie können an dieser Stelle sehen, mit welchen Fragen sich Pendler und Pendelforscher geradezu aufreiben, um zu versuchen, bestimmte Gesetzmäßigkeiten für bestimmte Pendelhaltungen herauszufinden. Sie haben nun drei Möglichkeiten, wie Sie Ihre weitere Arbeit mit dem Pendel gestalten können: Zum einen können Sie sich mit der im Anhang aufgeführten Literatur eindecken und die darin aufgeführten Regeln übernehmen. Zum anderen können Sie darangehen, durch entsprechende Versuchsreihen und Experimente Ihre eigenen Gesetzmäßigkeiten herauszufinden und – falls Sie damit ein Buch füllen können – dann die entsprechende Literatur um ein weiteres

Pendelführungen

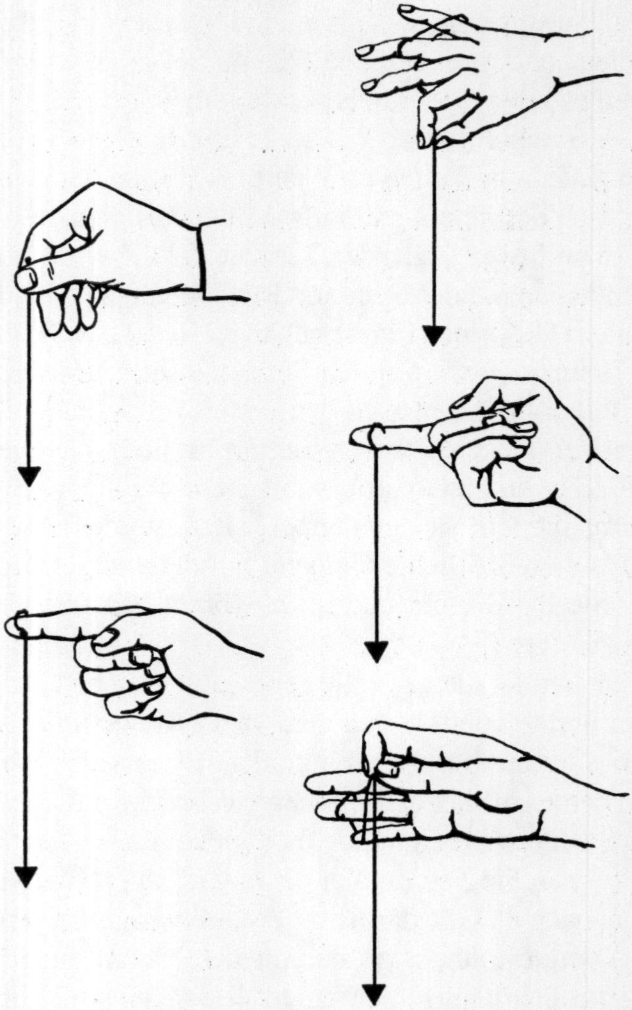

Abb. 12

Werk anreichern. Als dritte Möglichkeit steht es Ihnen natürlich auch frei, sich den Teufel um Pendelhaltung, Polarität der Finger und Ähnliches zu scheren, sondern den Pendel einfach so zu fassen, wie es Ihnen Spaß macht.

Nun, die endgültige Entscheidung liegt in diesem Punkt ausschließlich bei Ihnen, doch ein ganz wesentlicher Aspekt bei der Pendelhaltung soll auch in diesem Buch angeschnitten werden: Die Aufhängung des Pendelfadens, also Ihre Finger, müssen in absoluter Ruhestellung sein. Bedenken Sie also bei Ihrer Entscheidungsfindung, daß ein ausgestreckter Finger, über den der Pendelfaden gehängt wird, in den meisten Fällen wie ein Blatt im Wind hin- und herschwankt. Bedenken Sie weiterhin, daß ein auf einen Tisch gestützter Arm die den Pendel haltende Hand noch am ehesten vor Muskelzuckungen bewahrt, die Einfluß auf die Pendelbewegungen haben könnten. So drängt sich die Überlegung auf, ob es nicht am sinnvollsten ist, beide Ellenbogen auf den Tisch zu stützen und mit der freien Hand zusätzlich noch die Hand, mit der der Pendelfaden gehalten wird, festzuhalten. Nehmen Sie diese Überlegungen als Anregungen, keinesfalls jedoch als Verordnungen, denn Sie sollen selbst herausfinden, wie Sie den Pendel am sichersten führen und dabei die Möglichkeit der Fingerzuckungen auf ein Mininum reduzieren.

Zu einer ruhigen Pendelhaltung kann auch beitragen, daß Sie Ihren Blick nicht auf die Finger der Hand richten, die den Pendelfaden hält. Machen Sie sich hier einen Trick zu eigen, den Bedienungspersonal beim Jonglieren von Tabletts anwendet: Wollen sie vermeiden, daß das Tablett zu schwanken beginnt und der Inhalt von vollen Tassen oder Gläsern verschüttet wird, richten sie ihren Blick bewußt vom Tablett weg und fixieren dafür einen Punkt in der Ferne. Würden sie dagegen beschwörend das Tablett oder gar die Tassen anstarren, geriete die Ladung mit Sicherheit in unkontrollierbare Schwankungen. Wenn Sie also Fingerzuckungen möglichst ausschalten wollen, richten Sie Ihren Blick bewußt von ihnen fort und konzentrieren Sie ihn statt dessen auf den Pendelkörper. Falls Sie ein bestimmtes Objekt unter dem Pendel bearbeiten, steht natürlich auch dieses als Ziel Ihrer Blickrichtung zur Auswahl.

Des weiteren werden Sie nach kurzer Pendelpraxis bereits bemerken, daß Ihr Pendel, sobald Sie ihn fixieren, vor Ihren Augen zu verschwimmen beginnt und Sie ihn unter dem Einfluß gesammelter Konzentration schließlich überhaupt nicht mehr wahrnehmen. Diese Situation ist für jede Lesung die günstigste – Sie haben in diesem Moment die Ebene, in der Sie sich von der Pendelhaltung, Pendellänge oder Sonstigem ablenken lassen, verlassen und befinden sich in einem Stadium, das Ihnen den Zugang zum Unterbewußtsein und zu den Signalen der „großen Kraft" eröffnet.

Pendelbewegungen

Nach all diesen vorbereitenden Kapiteln, in denen Ihnen die für Ihre Arbeit mit dem Pendel notwendigen Grundlagen vermittelt wurden, betreten Sie nun den Raum, in dem Sie die Skala Ihres Instruments justieren und festlegen.

Wie Sie bereits anhand der Übungen aus dem Kapitel „Kann jeder Mensch pendeln?" ersehen haben, tritt das Phänomen der Pendelbewegungen nicht nur als Strichung, sondern auch als Kreisung auf, wobei innerhalb dieser Schwingungsarten noch unter verschiedenen Richtungen differenziert wird. Zu diesen zwei Grundbewegungen gesellt sich noch eine dritte Schwingungsart, nämlich die Form der Ellipse, die zunächst einmal als Mischform zwischen Strichung und Kreisung zu betrachten ist. Diese Grundbahnen können nun von dem Pendel in unterschiedlicher Intensität durchzogen werden, so daß die Bewegung langsam und langgezogen, kurz und lebhaft sowie ausgesprochen ungestüm verlaufen kann, wobei sich der Pendel ähnlich wie eine Schiffschaukel nahezu überschlagen kann. Des weiteren sind auch innerhalb dieser Intensitäten Unregelmäßigkeiten zu beobachten, die von einer Sekunde auf die andere schlagartig wechseln können, so daß bereits mit diesen sichtbaren Signalen ein ungeheuer breites Meßpotential vorliegt.

Konsequenterweise muß nun ein Punkt angesprochen werden, der ein wenig heikel ist, da er der herrschenden Meinung unter den Pendelforschern ganz und gar gegen den Strich laufen wird. Nehmen Sie dazu Ihren Pendel zur Hand, und gehen Sie die verschiedenen Bahnen nochmals durch;

Schwingungsmuster

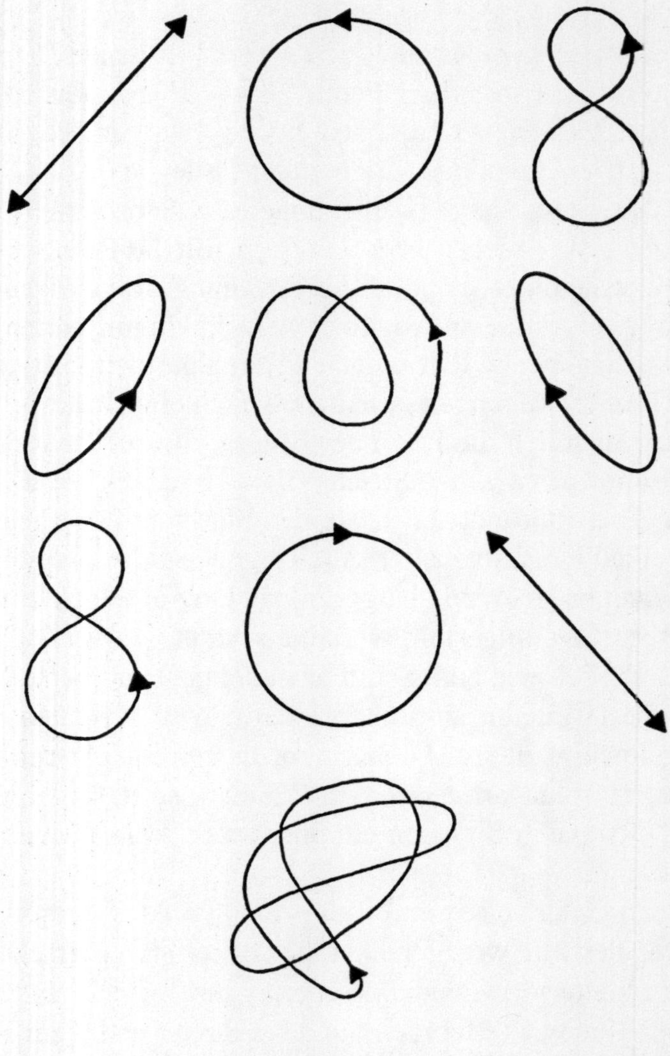

Abb. 13

versuchen Sie zunächst eine Strichung Nord-Süd und dann Ost-West herbeizuführen, dann eine Ellipsenbahn und schließlich eine Kreisung jeweils im sowie gegen den Uhrzeigersinn. Sie mußten sich konzentrieren – ja, vielleicht haben Sie sich derart konzentriert, daß Sie in völlige Versenkung gefallen sind, in der Sie nichts weiter als die verschwommenen Bewegungen Ihres Pendels wahrgenommen haben. Nun ist es jedoch Sitte unter den Pendlern, die die Richtung dieser Kunst bestimmen, die Bewegungen zu dokumentieren. Nicht nur, daß die Zahl der jeweiligen Strichungen, Ellipsenbahnen und Kreisungen sowie deren Richtungen mitgezählt werden, um derart die Ergebnisse von Versuchsreihen und somit Gesetzmäßigkeiten zu fixieren, sondern auch von exakten Gradeinteilungen und Winkelmaßen ist die Rede, die sich dann wiederum je nach Material und Farbe des Pendelkörpers unterscheiden.

Wie, bitte, wollen Sie das alles zur gleichen Zeit anstellen: zählen, messen, schreiben – und „daneben" noch pendeln? Wie soll es möglich sein, zugleich analytisch zu denken und zu pendeln? Es besteht hier die Gefahr, daß die eigentliche und ursächliche Tätigkeit des Pendelns zunehmend von akribischem und pseudo-wissenschaftlichem Gehabe verdrängt wird, so daß die sowieso schon engen Schleusen, durch die wir „große Kraft" verspüren können, noch enger werden, bis sich schließlich der Pendel in ein reines technisches Instrument verwandelt hat, dem aber doch somit die Grundlage entzogen worden ist.

Bedenken Sie diesen Aspekt bei der weiteren Lektüre dieses Buches, das der Vollständigkeit halber auch auf die wichtigsten Analysemethoden der „modernen" Pendelforschung eingeht, und scheuen Sie sich nicht davor, die entsprechenden

Passagen mit Ihrem ganz persönlichen Urteil zu belegen und gegebenenfalls einfach zu überlesen.

Auch auf einen weiteren Punkt soll in diesem Zusammenhang die Sprache kommen, den Sie – falls Sie bereits ein „alter Hase“ sind – bisher möglicherweise vermißt haben. Es ist oft die Rede von der sogenannten Antenne, die vornehmlich durch das Ausstrecken der linken Hand gebildet wird und die Pendelbewegungen positiv beeinflussen soll. Der Pendelforscher Straniak erklärt diese Wirkung auf folgende Weise:

Wenn man die LH (linke Hand) nach einer der sechs Hauptrichtungen des Raumes (das sind Osten, Westen, Norden, Süden, die Höhe und die Tiefe nach dem Erdmittelpunkt) ausstreckt, während man einen siderischen Pendel in der RH (rechten Hand) über ein Objekt hält, so erteilt man dem Pendelkörper eine Ladung mit der 8. Naturkraft (mit Elektronen aus dem Kosmos, Elektronen des Weltalls) aus jener Raumrichtung, nach der man die LH ausgestreckt hat. Nun besitzt also der Pendelkörper eine fluidale Ladung aus Elektronen zum Beispiel des Ostens. Der Pendel beginnt jetzt von Ost nach West zu strichen. Die Erfahrung zeigt dann, daß das Objekt von West nach Ost von der 8. Naturkraft durchstrahlt ist. Man kann dies daran erkennen, daß, wenn man die Einstrahlung aus West in das Objekt durch Vorschalten eines Isolators der 8. Naturkraft vor dem Objekt auf der Westseite verhindert, dann die Pendelstrichung sofort in Pendelstillstand übergeht.

Im Pendelprozeß wirkt also jeweils ein Elektronenstrom des Objekts auf eine Elektronenladung des Pendelkörpers ein, wobei die Richtungen, aus denen Ladungen und Strom stammen, einander entgegengesetzt sein müssen. Es wirkt also zum Beispiel ein Elektronenstrom aus Süden auf eine Elektronenladung aus Norden ein.

Aus dem Zusammenwirken einer Elektronenladung aus einer der sechs Raumrichtungen und eines Elektronenstroms aus einer der sechs Gegenrichtungen entstehen die einfachen Strichungen des Pendelkörpers. Diese sechserlei einfachen Strichungen des Pendels bilden nun zugleich die dynamischen Elemente, aus denen sich wieder alle anderen dynamischen Bewegungen des Pendels zusammensetzen lassen.

Man erhält nun diese zusammengesetzten Bewegungen des Pendels dadurch, daß man den Pendelfaden verlängert, dadurch den Rhythmus der Pendelschwingungen verlangsamt, bis dieser Rhythmus harmonisch wird zu dem Eigenschwingungs-Rhythmus der größeren Elektronenmasse von zwei und mehr Durchstrahlungsrichtungen zusammen. In diesem Augenblick beginnt der Pendel seine Schwingungsfigur zu ändern, zum Beispiel aus der einfachen Strichung in eine Kreisung im Uhrzeigersinn überzugehen. Wir haben dann eine sogenannte 2-fach Abstimmung vor uns, während wir vorher bei der einfachen Strichung nur eine 1-fach Strichung vor uns hatten. Schließlich kommt man bei weiterer Verlängerung des Pendelfadens zu einer größeren Kreisung im Uhrzeigersinn (abgekürzt i./US), die eine 6-fach Abstimmung des Pendels gleichzeitig auf alle sechs Raumrichtungen darstellt. Diese 6-fach Abstimmung der Fadenlänge eines Pendels über einem Objekt ist nun diejenige, welche für praktische Aufgaben am meisten vorkommt und daher am wichtigsten ist bei allen praktischen Anwendungen des Pendels.

(aus dem Nachlaß des Pendelforschers und Straniak-Freundes Dr. med. Bruno v. Willmann)

Diese Erklärung – und das hat sie mit den meisten Erklärungen gemeinsam – wirkt an sich schlüssig, wenn im Detail auch unverständlich, und ist somit für den Laien unbrauchbar. Ein wissenschaftlicher Beweis konnte auch nicht in vollem Umfang angetreten werden, da sich ja der Punkt 8. Naturkraft oder auch „große Kraft" nach wie vor allen Nachstellungen erfolgreich entzieht.

Jetzt nehmen Sie einmal Ihren Pendel zur Hand und strecken dabei die linke Hand nach Osten aus. Nicht nur, daß dieses Vorgehen ungeheuer ermüdend ist, denn eine Lesung dauert ja in den meisten Fällen einige Minuten, sondern zudem erfährt der Pendler eine gehörige Ablenkung, die dem Ergebnis der Arbeit wenig zuträglich sein dürfte. Insbesondere, wenn die Antenne nun während der Lesung von Osten nach Westen, Süden oder Norden gerichtet werden soll, bewirkt allein die Veränderung der in groteske Verrenkungen ausartenden Körperhaltung unvermeidbare Zuckungen der pendelhaltenden Hand. Es steht deshalb die Empfehlung, die Sache mit der Antenne auf sich beruhen zu lassen und statt dessen die gesamte Kraft dem eigentlichen Pendelvorgang zu widmen – ein Argument, das Sie dazu ermuntern könnte, wäre, daß die Strahlungen der „großen Kraft" und angeblichen Elektronenschübe den Pendel auch ohne Antenne treffen, auch ohne technisch begründetes Attribut, das den Pendel auf die Ebene eines Rundfunkempfängers stellt, ins Schwarze treffen und Ihrem Pendel zu dynamischen Bewegungen verhelfen. Zudem wurde die Justierung des Pendelfadens, die im wesentlichen mit der von Straniak empfohlenen Methode übereinstimmt, bereits eingehend behandelt, auch ohne hierfür nach Erklärungen zu suchen, die zwangsläufig festen Boden unter den Füßen vermissen lassen.

Es geht also in der Hauptsache darum – und das ist auch das Ziel dieses Buchs –, das technische und pseudo-wissenschaftliche Umfeld, in das die jahrtausendealte Kunst des Pendelns mittlerweile eingebunden ist, wieder abzubauen beziehungsweise bei einem Neustart gar nicht erst heranzuzüchten. Und nachdem sich alle Fragen, die Sie bewegen, mit einem einfachen „Ja“ oder „Nein“ beantworten lassen, erscheint es auch als vollkommen ausreichend, die Arbeit mit dem Pendel auf dieser einfachen Ebene zu gestalten. Natürlich kostet die Methode der Alternativfragen ein wenig mehr Zeit, als wenn Sie ein Problem gezielt ansteuern, so daß Sie nicht einfach fragen können „Was ist hier im Boden vergraben?“, sondern sich schon die Mühe machen müssen, nach einem auch in anderen Bereichen gültigen Suchschema einzugrenzen, indem die groben Bereiche immer engmaschiger eingegrenzt werden, bis die eindeutige Antwort festliegt. So könnte die Kette – um bei dem Beispiel zu bleiben – folgendermaßen aussehen, wobei der Pendel immer mit „Ja“ oder „Nein“ antworten wird:

- Lebendiges Wesen? – Nein
- Natürlicher Gegenstand? – Ja
- Wasser? – Nein
- Sichtbar? – Ja
- Wertvoll? – Ja
- Gold? – Nein
- Silber? – Nein
- Edelstein? – Ja
- Blau? – Nein
- Grün? – Ja
- Smaragde? – Ja

Wie Sie sehen, waren in diesem Beispielfall genau elf Fragen nötig, um ein vergrabenes Säckchen voll Smaragde oder auch nur einen einzelnen Stein zu identifizieren. Wichtig ist hierbei, daß Sie Ihre Fragen so präzise stellen, daß es als Antwort nur ein eindeutiges „Ja“ oder „Nein“ gibt. Fragen Sie dagegen zu verschwommen, beispielsweise *Riecht es gut?*, so ist darauf eine zuverlässige Antwort nicht möglich, da sich über Geschmack bekanntlich streiten läßt. Nun, Sie werden mit der Zeit einen gewissen Spürsinn entwickeln und durch gezielte Fragen sehr bald auf die jeweils einzig zulässige Antwort stoßen.

Als erstes müssen Sie jetzt Ihren Pendel – um es in der technischen Sprache auszudrücken – programmieren oder – wie es in der Sprache unserer Vorfahren hieß – ihm Ihren Od einhauchen. Sie müssen eine Äußerungsform des Pendels festlegen, anhand derer Sie zuverlässig ablesen können, ob der Pendel mit „Ja“ oder „Nein“ antwortet. Nehmen Sie hierzu Ihren Pendel zur Hand, und justieren Sie zunächst einmal die Fadenlänge auf die beschriebene Weise. Nun konzentrieren Sie sich und richten Ihre gesamte Energie auf das Wort „Ja“, indem Sie sich vielleicht vorher eine ganz klar mit „Ja“ zu beantwortende Frage gestellt haben. Beobachten Sie Ihren Pendel und die Bahn, in die er allmählich einschwenkt. Wiederholen Sie diese Programmierung noch einige Male, um ganz sicher zu sein, daß die gezeigte Schwingung ab diesem Moment ein „Ja“ bedeutet. Wohlgemerkt muß die „Ja-Bahn“ nicht, wie in den meisten Pendelbüchern beschrieben, eine Kreisung im Uhrzeigersinn sein – genausogut kann sich der Pendel auch gegen den Uhrzeigersinn, horizontal oder vertikal bewegen. Ebenso verfahren Sie nun, um die Antwort „Nein“ zu programmieren, und Sie werden sehen, daß die jetzt auftretende Schwingung zur „Ja-Schwingung“ genau entgegengesetzt verläuft. Wiederholen Sie auch diese für Sie ab sofort geltende Gesetzmäßigkeit, indem Sie ruhig auch die gestellte Frage durch eine andere ersetzen, auf die Sie die Antworten bereits wissen, um die Gültigkeit dieser Justierung zu testen. Die Meßskala Ihres Instruments ist nun installiert, es ist gewissermaßen geeicht und steht Ihnen ab diesem Augenblick zur Erforschung aller Sie bewegenden Fragen zur Verfügung.

Ausschlagserien und Kennziffern

Mit dieser eben beschriebenen Methode, die in der Pendler-Fachsprache als „mentales Pendeln" bezeichnet wird, stehen Ihnen tatsächlich alle Möglichkeiten aus dem Bereich des Pendelns erschöpfend offen. Nur um aufzuzeigen, was die Fachwelt an weiteren Methoden kennt, sollen hier einige Sätze über sogenannte Ausschlagserien und Kennziffern fallen.

Unter einer Objektserie ist die Anzahl der Kreisungen zu verstehen, die der Pendel nach anfänglicher Strichung über einem bestimmten Objekt vollzieht, bevor er wieder in die Strichbewegung zurückfällt. Aber allein bei der Definition der Kennziffern oder auch Seriennummern, also der Anzahl der entsprechenden Schwingungen, gehen die Meinungen der Pendelforscher erheblich auseinander, so daß klare Messungen nicht möglich erscheinen. So schreibt beispielsweise der englische Berufsradiästhet, Lehrer und Ausbilder des Pendelns und Rutengehens, Tom Graves, in seinem Buch:

Die Seriennummer ist die Anzahl der Schwingungen, die das Pendel braucht, um von der Oszillationsbewegung zur Rotation zu gelangen, wobei es das Objekt überkreuzt, bis es den Zustand der Sättigung erreicht und sich weigert, die Rotation wieder aufzunehmen. Manchmal wird die Serienmethode auch Zählmethode genannt – und umgekehrt, was übrigens der Grund ist, daß sich in das Resultat allerlei „hübsche" Verwirrungen einschleichen können. Gemäß einem Pendler beträgt die Serienzahl und die Gesamtzahl für Kupfer 5 beziehungsweise 7...

...Die Schwingungszahlen, Fadenlängen und andere Gegebenheiten scheinen bei fast allen Pendlern andere zu sein.
(Tom Graves, Pendel und Wünschelrute: Radiästhesie. Goldmann, 1. Auflage 1982, Seite 66–67)

Dagegen drückt sich der berühmte Schweizer Pater, Radiästhet und Graphologe Joseph Seiler, folgendermaßen aus:

Die Kennzahl ist relativ leicht festzustellen, weil die Pendelfiguren in ihrem serienmäßigen Ablauf Akzente aufweisen. Serien von Kreisbewegungen und Schwingungen samt den eingeschalteten Ellipsen folgen einander. Ein langes Spiel, das erst nach Ermüdung der Nerven und der Muskeln abflaut. Zu Beginn jeder Serie ist aber ein leicht ruckartiger Neuimpuls spürbar. Bei ihm setzt unser Zählen ein bis exklusive zum folgenden. Die Zahl, die sich ergeben hat, teilt man durch zwei. Das Resultat ist die Kennziffer des betreffenden Stoffes, des betreffenden Menschen oder Gegenstandes. Über einer Wasserader schließt jede Serie 14 Bewegungen ein. Theoretisch handelt es sich um 7 Schwingungen und 7 Kreisungen. Praktisch aber weist eine Serie vielleicht sechsmal einen Kreis, dreimal eine Ellipse und fünfmal eine gerade, strichartige Schwingung auf. Bei einer folgenden Serie sind vielleicht die Verhältnisse leicht verschoben, aber die zusammengezählten Drehungen, Ellipsen und Schwingungen belaufen sich wiederum auf 14, so daß durch Teilung die Kennziffer 7 von neuem gegeben ist. Es ist darauf achtzugeben, daß die erste, nach den unsicheren Anfangsbewegungen erfolgte Serie kaum maßgebend ist.
(Joseph Seiler, Mit Wünschelrute und Pendel zu den faszinierendsten Entdeckungen. Corona Verlag, 6. Auflage 1984, Seite 33)

Nun, die Herren Graves und Seiler haben ganz offensichtlich vollkommen verschiedene Auffassungen von Serien und Kennziffern – ein Umstand, der unter Hinzuziehung weiterer Pendelbücher eine erhebliche Ausdehnung erführe. Nicht, daß die Pendelforscher etwa nicht recht hätten mit ihren Aussagen. Ganz im Gegenteil, sie haben ihre eigenen, selbst herausgearbeiteten Gesetzmäßigkeiten beschrieben, die ihren Erfolg mit der Pendelarbeit begründen. Doch eines wird dabei kaum bedacht: Das Pendeln ist so persönlich, daß hier für jeden Pendler eigene Regeln gelten – und auch eigens herausgearbeitet werden müssen.

So wäre es also absolut falsch, die zum Beispiel oben angeführten Beschreibungen einfach zu übernehmen. Wenn Sie mit Serien oder Kennzahlen arbeiten wollen, dann wird es Ihnen nicht erspart bleiben, daß Sie umfangreiche Versuchsreihen und Experimente anstellen und auf diesem Wege Ihre eigenen, nur für Sie alleine geltenden Gesetzmäßigkeiten aufstellen. Doch erinnern Sie sich, bevor Sie sich derart in die pseudo-wissenschaftliche Arbeit stürzen, an die Methode des mentalen Pendelns, mit deren Hilfe Sie erfahrungsgemäß zu weitaus sichereren Ergebnissen gelangen dürften.

Zu behaupten, daß der Weg der Alternativfragen nun der einfachere wäre, wäre wohl ein Irrtum: Zugegeben, des mentalen Pendelns bedarf es weniger Tests und sonstiger Vorbereitungen – dafür aber erfordert es eine ganze Menge mehr Konzentration und Versenkung in die Hauptsache, nämlich das Pendeln, ohne durch Mitzählen oder gar Mitschreiben abgelenkt zu werden. Doch wie auch immer Sie sich entscheiden werden, seien Sie sich darüber im klaren, daß das Instrument Pendel nie und nimmer auf so einfache Weise bedient werden kann wie beispielsweise ein Fieberthermometer oder eine Waage. Trotz aller möglichen erleichternden Arbeitsmittel, wie sie die vielen im Fachhandel erhältlichen Pendelkarten darstellen mögen, bleibt das Pendeln eine Kunst, zu deren Ausübung andere Fähigkeiten verlangt werden, als bloß Ziffern ablesen oder Gradeinteilungen festhalten zu können.

Pendeln zwischen Chemie und Physik

Zum besseren Verständnis möglicher Faktoren, die das Pendeln noch beeinflussen können, hier nun ein kurzes Kapitel Naturwissenschaft. Es geht um die Beziehung zwischen Chemie und elektromagnetischen Feldern und ihre Auswirkungen auf sensitive Personen. Diese Beziehung kann ebenso grundlegend für den Pendelvorgang sein wie die chemische Bindung, aufgrund derer jede chemische Struktur ihre charakteristische Handschrift oder ein Frequenzspektrum zusammenhängender Pendelausschläge besitzt. Zwischen den verschiedenen Energieniveaus finden Erregungs- und Entspannungsvorgänge statt, die dann vom elektronischen –, Schwingungs-, Dreh- und Gleichgewichtszustand der Atome und Moleküle abhängig sind. Alle chemischen Spektren gehen mit zusammenhängenden elektromagnetischen Schwingungsfrequenzen einher.

Elektromagnetische Felder verlängern nicht nur die Lebensdauer freier Radikale, sondern beeinflussen auch die Regelsysteme des Körpers. So wurde in Japan der sogenannte Iriscorder entwickelt, ein Instrument zur Messung der Reaktion des autonomen Nervensystems mit Hilfe einer Fernsehkamera; sie wird auf das Auge gerichtet, um dort Veränderungen nach Lichtblitzen in scheinbarer Dunkelheit zu beobachten. Bei sensitiven Personen können die gleichen Symptome elektromagnetisch oder chemisch oder durch jeden beliebigen Teil des Körpers ausgelöst und neutralisiert werden. Dies führt zu der Schlußfolgerung, daß ein ganzheitlicher Ansatz gegenüber der Umwelt sowie dem lebenden Organismus und seinen Belastungen erforderlich ist.

Bereits 1982 wurde beschrieben, daß Personen, die umweltbedingten elektromagnetischen Feldern – wie sie beispielsweise unter Hochspannungsleitungen auftreten – ausgesetzt sind, Körperströme in der Größenordnung von einigen -zig Mikroampere entwickeln können. Solche Ströme sind vergleichbar mit jenen, die in der Zahnheilkunde Elektro-Anästhesie erzeugen können. Diese wiederum werden in Zusammenhang gebracht mit den Stimulations- und Entzugserscheinungen von im Körper natürlich auftretenden Schmerzlinderungssubstanzen, die wiederum auch Allergien hervorrufen können. Die Gesamtwirkung elektromagnetischer Felder insbesondere auf den menschlichen Körper läßt sich in etwa so zusammenfassen: Personen sind umweltbedingten elektromagnetischen Feldern gegenüber entweder hochempfindlich oder vollkommen unempfindlich. Wird die Frequenz von beispielsweise ein Hertz in der Umgebung einer empfindlichen Person langsam und gleichmäßig erhöht, so nehmen die Symptome zu, verschwinden jedoch zeitweise bei bestimmten sogenannten neutralisierenden Frequenzen. Dieses Phänomen setzt sich mindestens bis in den Mikrowellenbereich fort. Die Effekte sind individuell unterschiedlich und können eine Vielzahl von Körperfunktionen betreffen.

Häufiger Auslöser für elektrische Empfindlichkeiten ist der Kontakt mit Pestiziden oder Herbiziden. Es scheint ein Zusammenhang zwischen dem Einfluß bestimmter Chemikalien und dem plötzlichen Auftreten elektrischer Überempfindlichkeitsreaktionen zu bestehen. Dies ist besonders interessant, da es in unserer Umwelt mittlerweile mehr als 10 000 künstlich hergestellte Chemikalien gibt, die nicht Teil des Evolutionsprozesses sind. Zudem sind die meisten Insektizide heute

Organophosphate und werden in einer Größenordnung von 20 000 Tonnen pro Jahr in unsere Nahrungskette gemischt.

Auch viele oder große Zahnfüllungen aus Amalgam können eine elektrische Überempfindlichkeit fördern. Ein elektrisches Potential kann zwischen verschiedenen Arten von Amalgam oder zwischen einer Amalgamfüllung und dem umgebenden Gewebe im Mund entstehen. Jedes elektrische Potential führt zu einem Stromfluß und damit zu einem elektrolytischen Transport giftiger Metalle.

Elektrische Anlagen, elektrische Maschinen und andere Geräte können ebenfalls auf sensitive Menschen wirken. Hierzu zählen beispielsweise Fernsehgeräte, Fernbedienungen, elektrisches Spielzeug, Radios und Videorecorder, Telefone, Handys, elektrische Schreibmaschinen, Autoelektronik, Flug- und Schiffsradar, Rundfunksender. Des weiteren Kühlschränke, Mikrowellenherde, elektrische Bügeleisen, Geschirrspüler, Waschmaschinen, elektrische Uhren und Wecker, Computer und Bildschirmgeräte. Zudem ist eine allgemeine Abneigung gegen Leuchtstoffröhren häufig anzutreffen. Sie senden außer Frequenzen im sichtbaren Bereich auch zahlreiche andere zusammenhängende Frequenzen aus. Normale Beleuchtungen und hochfrequente Festkörper-Stromversorgungssysteme sind weniger problematisch. Besondere Probleme verursachen jedoch Leuchtstoffröhren in Einrichtungs-, Textil- und Bekleidungsgeschäften, wo die in den Stoffen enthaltenen Chemikalien zunächst chemische und dann elektrische Sensitivität hervorrufen.

Auch kommt es vor, daß elektrische Geräte immer dann versagen, wenn eine bestimmte Person sie in Betrieb nehmen möchte. Diese Geräte rufen allergische Reaktionen bei der

Person hervor, die daraufhin selbst elektrische Signale aussendet, die die Elektronik des Gerätes stören. Dies ist dann die Ursache dafür, daß das Gerät versagt oder kaputtgeht. Solchermaßen Sensitive beschreiben dies häufig als allgemeine Unfähigkeit im Umgang mit allen elektrischen Geräten. Ähnliche Probleme werden häufig bei Fernbedienungen von Fernsehern und Videogeräten beobachtet. Sensitive Personen, die an Computern oder Telefaxgeräten arbeiten, erleben häufig scheinbar grundlose Störungen ihrer Maschinen. Einige „Spezialisten" scheinen sogar in der Lage zu sein, elektrische Isolierungen zu beschädigen. Manche Menschen fühlen sich in Gegenwart bestimmter anderer Personen plötzlich krank. Die von Menschen gesendeten elektrischen Signale können manchmal stark genug sein, um hypersensitive Personen zu beeinflussen. Sehr schwierig ist es natürlich dann, wenn solche Situationen zwischen Ehepartnern oder zwischen Eltern und Kindern auftreten.

Um zu verstehen, wie elektromagnetische Felder die Wirkung chemischer Substanzen nachahmen können, braucht man nur die Prinzipien der Homöopathie zu betrachten: Die Theorie des Arztes Dr. Samuel Hahnemann ging zum einen davon aus, daß jedes Arzneimittel bei gesunden Patienten ein Muster von Symptomen erzeugt, das den Symptomen eben der Krankheit ähnelt, die das Medikament bei kranken Personen heilen soll. Die Symptome und die therapeutische Wirkung treten selbst bei Einnahme des stark verdünnten Arzneimittels auf. Die zweite Annahme ist, daß ein Medikament, das bei gesunden Personen die dem Gesamtsymptombild des Patienten am nächsten kommende Wirkung hervorbringt, auch die größte heilende Wirkung ausüben wird. Die erforderliche

Dosis ist die zur Auslösung von Symptomen erforderliche Mindestmenge. Hahnemann war sich auch der potenzierenden Wirkung von elektrischen, magnetischen und elektromagnetischen Feldern bewußt, weshalb Schwingungsfrequenzmessungen von zahlreichen Technikern an homöopathischen Präparaten in Abhängigkeit von der Potenz durchgeführt wurden.

Doch nun wieder zurück zum Pendeln. Die Kinesiologie (Wissenschaft zur Erforschung von Körperbewegungen) macht sich den Effekt zunutze, daß Allergiker bei Konfrontation mit der allergieauslösenden Substanz einen plötzlichen Abfall der Kraft der willkürlichen Muskulatur erleben. Diese Beobachtung hat zur Entwicklung einer Reihe von Testverfahren zur Bewertung allergischer Reaktionen geführt.
Die Muskelreaktionen eines Menschen, bei dem eine allergische Reaktion ausgelöst wurde, können über eine Kette „dritter Personen" auf eine Person übertragen werden, deren Muskelreaktionen dann vom Tester gemessen werden; dieses Verfahren wird bei der Untersuchung von Säuglingen, Kleinkindern und Tieren angewandt. Die auftretenden Effekte lassen sich nur elektromagnetisch plausibel erklären.

Vielleicht sind – unter diesen Gesichtspunkten betrachtet – auch Pendel- und Wünschelruten-Phänomene elektromagnetischen Ursprungs; durch geringfügige, unwillkürliche Muskelbewegungen bedingt, die in den kinesiologischen Tests gemessen und von Wünschelrute oder Pendel lediglich verstärkt werden.

Der dynamische Kreis

Aufgrund endloser Pendelversuche und Experimente kam Mitte des vorigen Jahrhunderts der Dresdner Chemieprofessor Johann Karl Bähr zu der Auffassung, daß bestimmte Menschen ebenso wie Tiere Kräfte in der Materie wahrnähmen, die ihnen aufzeigten, welche Nahrungsmittel oder Stoffe für sie gesund oder eher schädlich seien. Um diese dynamischen Aktivitäten festzuhalten und meßbar zu machen, entwickelte er eine kompaßähnliche, kreisförmige Karte, die ein komplettes Klassifikationssystem zur Beurteilung von Stoffen und Nahrungsmitteln beinhaltet (vgl. Abb. 14, Seite 104 sowie die Tabelle auf Seite 105). Natürlich ist auch diese Methode als rein subjektiv und nicht beweisbar zu betrachten, denn seine Katalogisierung von Eigenschaften der Materie nach Einheiten des Winkelmaßes und somit nach Gradeinteilungen erfolgte eindeutig willkürlich. Doch sehen Sie sich diese Karte einmal genau an, und versuchen Sie, durch eigene Experimente zu ergründen, ob der sogenannte dynamische Kreis und die dazugehörige Stofftabelle auch Ihnen hilft, bestimmte Stoffe auf ihre Güte zu testen.

Nachdem nach Bähr kein Stoff positiver reagiert als Gold, legte er diesen Stoff auf Null Grad fest, in der Kompaßrose identisch mit dem Südpol. Von 0 bis 90 Grad, also im ersten Kreisviertel, sind die absolut positiven Elemente erfaßt – entsprechend bewegt sich der Pendel nach dieser Richtung, wenn man in die Mitte des Kreises die in der Tabelle aufgeführten Stoffe von Gold bis Palladium legt und unmittelbar darüber pendelt. Im zweiten Kreisviertel, also von 90 bis 180 Grad, ist der Sektor der gesunden Nahrungsmittel angesiedelt, der in der Tabelle von Reis bis

Der dynamische Kreis nach Professor Johann C. Bähr

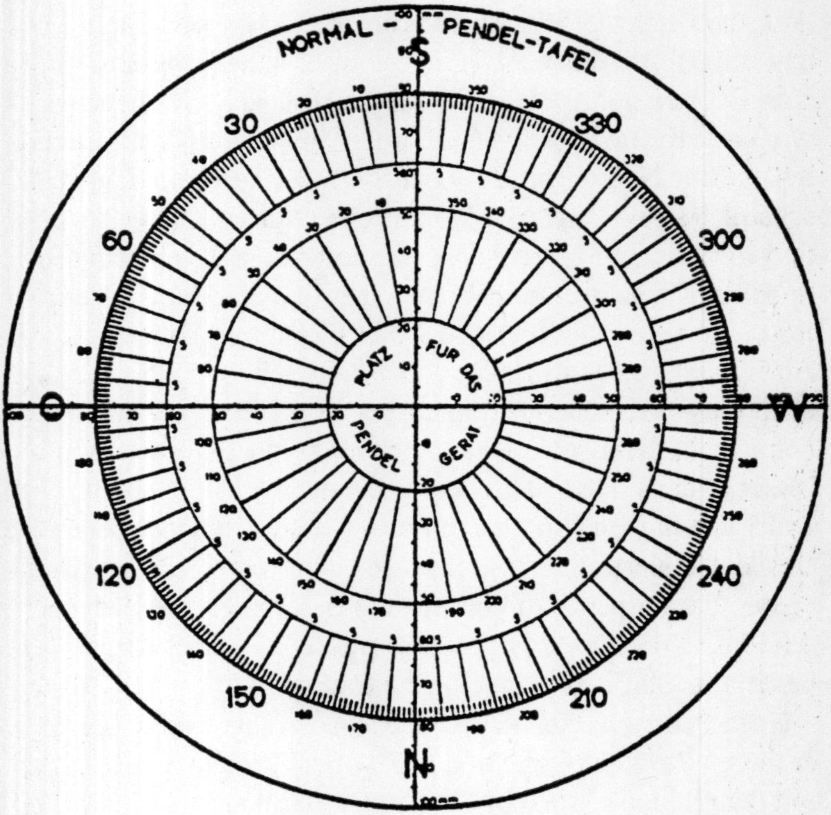

Abb. 14

Regenwasser geht. Das dritte Kreisviertel von 180 bis 270 Grad dagegen beinhaltet die Nervengifte, vertreten beispielsweise durch Kaffee oder Tee. Und der letzte Abschnitt von 270 bis 360 Grad schließlich enthält die Gifte, die in der Tabelle unter anderem mit Quecksilber oder Morphin bezeichnet sind:

Tabelle der dynamischen Werte			
Stoff	**Grad**	**Stoff**	**Grad**
Wasserstoff	0	Gold	0
Diamant	5	Silber	45
Eidotter	45	Zink	67,5
Legierung aus halb		Palladium	90
Silber, halb Kupfer	77,5		
Uran	100	Reis	100
Kandiszucker	100	gewöhnl. Messing	105
Kupfer	112,5–120	Iridium	120
Zinn	125	Aluminium	130
Bohne	132	Platin	135
Honig	135	Eiweiß	135
Nickel	140–142	Kobalt	145
Blei	150	Gußeisen	150
engl. Stahl	152,5	Eisen	157
Phosphor	175–177,5	Selen	175
destill. Wasser		Schwefel	180
oder Regenwasser			180
gefror. Wasser,		Anilinrot	215
Schnee, Eis	202,5	Anilinblau	217,5

Tabelle der dynamischen Werte			
Stoff	**Grad**	**Stoff**	**Grad**
Anilinorange	222,5	Anilinviolett	230
Anilinbraun	240	Chrysolith	247,5
Opal	247,5–260	Indigoblau	255
Kochsalz	260	Koffein	265
Bergkristall,		Thein	267,5
rein	267–267,5	Quecksilber	270
Stickstoff	270	gemeiner Quarz	270
Chalzedon	270	Urin	270
schwarzer Turmalin	290	Lapislazuli	290
Granat	292,5	Humusboden	292,5
Morphin	292,5	Jaspis	295
Achat	275	grauer Turmalin	272,5
roter Turmalin	280	gemeiner Beryll	285
edler Beryll	290	Topas	290
edler Granat	295	Rauchtopas	297,5
Smaragd,		Aquamarin	300
seladongrün	297,5	Smaragd,	
Chrysoberyll	305	schöngrün	202–302,5
Hyazinth, blaßrot	305	Jod	310
Korund, grau	310	Rubin	312–315
Hyazinth,			
dunkelrot	315	Türkis	315
Kobaltblau	315	menschl. Exkre-	
Saphir	322–322,5	mente	315
		Schwefelsäure	330

Tabelle der dynamischen Werte			
Stoff	**Grad**	**Stoff**	**Grad**
Magneteisenstein	330	Chlor	355–357
Brom	355	Sauerstoff	360
(Nach: Georg Kirchner, Pendel und Wünschelrute. Knaur, 1. Auflage 1985, Seite 84–85)			

Für Schmuck- und Edelsteinkundige stellt diese Tabelle sicherlich eine Fundgrube dar, für den alltäglichen Gebrauch jedoch sollten Sie sie mit einer gewissen Zurückhaltung betrachten. Beispielsweise finden Sie das hochgiftige Schwermetall Blei mit einer Gradbezeichnung von 150 inmitten der Gruppe der gesunden Lebensmittel, was den Schluß erlaubt, daß diese über 100 Jahre alte Tabelle mittlerweile einiger Korrekturen bedarf.

So ist es auch hier sicher nicht verfehlt anzuraten, daß Sie sich – so Sie die Arbeit mit solchen Hilfsmitteln bevorzugen – selbst hinsetzen und eine entsprechende Karte entwerfen. In diesem Sinne hat beispielsweise der Schweizer Benediktinermönch Professor Kunibert Mohlberg, der unter dem Pseudonym „Candi" seine berühmten „Briefe an Tschü" veröffentlichte und während des zweiten Weltkriegs Schweizer Kunstexperten bei der Überprüfung von Gemälden auf ihre Echtheit mit der Wünschelrute behilflich war, bereits einige Erweiterungen und Veränderungen an Bährs vorwiegend auf chemische Stoffe ausgerichtetem Kreis vorgenommen: Im ersten Viertel siedelt er die Embryonen an, die Nahrungsmittel, Keime, Blüten, Blütenblätter, Äther, aromatische Öle, feine Gewürze und Eidotter umfassen. Das zweite Viertel enthält einige absolut-negative Elemente wie kohlensaure Natron- und Talkverbindungen, Steinkohle, Holz, Gummi, edle Weine, fette und flüchtige Öle, Stärke, Butter, Milch, Rohrzucker sowie Eiweiß. Im dritten Viertel findet Mohlberg die Oxyde der positiven Elemente wie Kiesel-, Kalk-, Kali-, Talk-, Natron-Verbindungen, Salze, narkotische Pflanzen, Spirituosen, Essig, schwere Weine, starke Gewürze, Tabak, Eierschale und menschlichen Speichel. Und das letzte Viertel enthält nur absolut-negative Stoffe wie Sauerstoff, Chlor, Jod, Quecksilber, starke Säuren, Edelsteine, anorganische und organische Gifte, Nahrungsstoffe der Pflanzen, fruchtbare Erden, tierische und menschliche Exkremente sowie Wurzeln.

Dabei geht Mohlberg jedoch nicht wie Bähr grundsätzlich von Gold mit dem Gradwert Null aus, sondern hat zum Vergleich verschiedener ähnlicher Stoffe eine Methode entwickelt, die sehr vielversprechend aussieht:

Soll unsere Anna zum Beispiel wissen, wie sich Astraöl, Haselnußöl, Teesamenöl qualitativ zu Olivenöl verhalten, so kannst du meinetwegen Olivenöl (das im dynamischen Kreis Bährs auf 115 Grad steht) als Normaltest auf Null setzen. Dann orientierst du dich auf seine Rivalen (die anderen Öle), einen nach dem anderen, und schaust, bei welchem von beiden dein Pendel in einer Schwingungsrichtung am weitesten von null Grad ausweicht. Dann weißt du, daß je größer der Winkel im Gegenuhrzeigersinn (negativ), um so schlechter das Öl ist.

Und umgekehrt: je größer der Winkel im Uhrzeigersinn (positiv) ist, um so besser ist das Öl. Wahrscheinlich wird das Teesamenöl schlechter als Olivenöl sein, das heißt nach links ausschlagen ...
(Candi, Radiästhetische Studien – Briefe an Tschü, Verlag RGS, 5. Auflage 1970)

Diese Methode scheint auch der Arbeit in der Praxis standzuhalten, da sie im Grunde genommen lediglich eine Erweiterung der mentalen Methode mit alternativer Fragestellung darstellt. Nur müssen Sie hierbei unbedingt berücksichtigen, daß Sie Ihre persönliche Justierung des Pendels verwenden, denn nicht unbedingt muß eine positive Antwort Ihres Instruments mit einer Kreisung im Uhrzeigersinn gleichbedeutend sein. Am besten, Sie versuchen es selbst einmal, wobei Ihnen keine Grenzen gesetzt sind – Candi probierte seine Methode vorzugsweise an Tabak, Zigarren und Zigaretten aus und ist seinen Angaben zufolge „nie schlecht gefahren".

Psychische Einflüsse und Störungen

So wichtig dieses Thema ist – in der Hauptsache auch, weil es das häufigste Argument der Pendel-Gegner und -Kritiker beinhaltet –, so beiläufig soll es jedoch behandelt werden. Ein einfacher Grund führt zu diesem Entschluß: Je weniger man über eventuelle Störungen oder die sogenannte Autosuggestion nachdenkt, desto mehr bleibt man von derartigen Einflüssen verschont.

Wer sich dieser Ansicht nicht anzuschließen vermag, dem steht es frei, sich in die entsprechende psychologische Literatur zu versenken, in der diese Thematik weit über das erschöpfende Maß hinaus behandelt wird.

Nur wenige Punkte sollten Sie sich in diesem Zusammenhang immer wieder vor Augen führen und – zumindest am Anfang Ihrer Studien – täglich neu bedenken:

- Richten Sie Ihre Aufmerksamkeit von den Händen weg auf den Pendel oder das bependelte Objekt.
- Lassen Sie sich nicht vom Ziel Ihrer Arbeit ablenken, indem Sie voreilige Schlußfolgerungen ziehen, die Ihren Geist in die Irre leiten.
- Bewahren Sie sich ein Maximum an Unvoreingenommenheit, in dem Sie Ihre Neugierde pflegen. Selbst der hundertste Versuch kann vollkommen anders ausfallen als die neunundneunzig Experimente davor, wenn Sie sich von Ihren Erfahrungen und Erlebnissen lösen und mit jeder neuen Lesung Premiere feiern – egal wie oft Sie sie bereits wiederholt haben.

– Mischen Sie sich nicht in die natürlichen Bewegungen Ihres Pendels ein, versuchen Sie nicht, mit mentaler Gewalt bestimmte erwünschte Figuren zu erzwingen oder unerwünschte Figuren zu unterdrücken. Üben Sie sich in Hingabe, und lassen Sie sich fallen – denken Sie dabei an eine Katze, die aus dem 10. Stockwerk fällt und unversehrt auf dem Boden aufkommt. Versuchen Sie, Ihren Geist geschmeidig zu halten, ohne jedoch Entspannung mit Trägheit zu verwechseln – Trägheit ist im Prinzip das gleiche wie das Joch der Verspannung, nur mit umgekehrten Vorzeichen.

Nehmen Sie sich diese Grundregeln Ihren Möglichkeiten gemäß zu Herzen, um einer Selbstbeeinflussung tunlichst wenig Fläche zu bieten, und – lassen Sie sich am allerwenigsten von anderen Menschen darin beeinflussen, was Sie weshalb und wie machen.

Damit Sie klar erkennen können, wohin uns falscher Rat gebracht hat, ein kurzes Kapitel über Beeinflussung.

Geheimnis Wünschelrute

Vom Charakter her ist das Wünschelrutengehen ganz ähnlich wie das Pendeln. Der wesentliche Unterschied liegt in der Anwendung, denn die Wünschelrute benutzt man vornehmlich im Freien. Keine Angst vor der Gabelform – es ist ganz einfach. Für einen ersten Testversuch holen Sie sich einen gegabelten Ast. Ersatzweise können Sie auch einen Drahtkleiderbügel zur Rute biegen, doch werden Sie mit Holz bessere Ergebnisse erzielen. Über die Beschaffenheit Ihrer Wünschelrute sollten Sie sich aber nicht allzu viele Gedanken machen. Es ist nebensächlich, welche Form oder Farbe sie hat – auch Stäbe sind geeignet, wenn Sie keine gegabelte Rute zur Hand haben.

Bedenken Sie immer: Nicht die Rute alleine schlägt aus, sondern die von Ihnen gehaltene Rute. Der Impuls für den Ausschlag sind Sie beziehungsweise die Kraft, die durch Sie hindurchfließt. Die Wünschelrute ist – ebenso wie der Pendel – nur ein Gerät, das erst in Ihren Händen zu einem magischen Instrument wird.

Die simpelste Rute ist die klassische Weidenrute in Stab- oder Gabelform. Achten Sie stets darauf, daß Sie eine frisch geschnittene Rute benutzen. Ist das Holz trocken, wirkt sie nicht mehr. Von Vorteil sind da Ruten aus Metall, die Sie immer wieder benutzen können. Es ist nicht unbedingt wichtig, für die Wassersuche Holz zu nehmen und für die Metallsuche Kupfer oder Aluminium. Wenn Sie die Kunst des Rutengehens wirklich beherrschen, können Sie auch einen Kugelschreiber benutzen – mit oder ohne Mine. Viel wichtiger ist es, wie Sie

Ihr Instrument halten. Gemeint ist damit nicht die völlig unsinnige Unterscheidung in Unter- und Obergriff. Ausschlaggebend ist allein Ihre Verfassung, wenn Sie sich zum Rutengehen aufmachen. Nehmen Sie die Rute locker in die Faust oder aber zwischen die Finger, wenn sie eine eher zierliche Form hat – Hauptsache, die Rute steht im rechten Winkel von Ihrem Körper ab. Streifen Sie jegliche Anspannung von sich, entspannen Sie sich voll und ganz, damit Sie sich dem Einfluß der „großen Kraft“ ganz ausliefern können.

Dabei sollten Sie jedoch wissen, daß gerade Kupfer ein besonders guter Leiter der „großen Kraft“ ist. Richten Sie Ihren Blick auf die Rutenspitze, bis sie vor Ihren Augen verschwimmt. Bewegen Sie sich langsam, und „sehen“ Sie mit den Füßen. Tasten Sie sich solchermaßen durch das Gelände – aber Vorsicht vor Stürzen in Gräben oder sonstige Fallgruben. Vielleicht ist ein vorheriges Abschreiten des Geländes nützlich, ähnlich wie Rennläufer ihre Strecken testen, bevor es in den Wettkampf geht. Haben Sie sich mit den Bodenverhältnissen vertraut gemacht, begeben Sie sich auf die Reise. Sie brauchen nichts weiter als die Wünschelrute und vielleicht ein paar verschiedenfarbige Stöckchen, um Ihre Funde zu markieren.

Prägen Sie sich vor dem Start Ihren Weg gut ein. Am besten gehen Sie zunächst einmal außen um das Gelände herum. Sind Sie wieder am Ausgangspunkt angelangt, haben Sie zwei Möglichkeiten, ebenso wie der Tennisspieler beim Abziehen des Platzes. Entweder Sie bewegen sich spiralförmig in immer enger werdenden Kreisen nach innen. Oder Sie schreiten Ihr Gelände im Zickzack-Kurs ab – einmal längs und zur Sicherheit noch einmal quer. Nur im Winter auf unberührtem Schnee werden Sie sehen können, welche Flächen Ihnen entgangen sind. Wenn Sie auch im Sommer auf Nummer Sicher gehen wollen, können Sie ja eine Fadenrolle hinter sich abspulen, um so Lücken Ihres Rutengangs aufzudecken.

Gehen Sie nun für einen ersten Test hinaus zu einem Ort, von dem Sie wissen, daß dort ein unterirdischer Bach, eine Wasserader oder eine Wasserleitung beziehungsweise -röhre fließt. Nehmen Sie die Rute locker mit den Händen, und gehen Sie spielerisch ein paarmal über die betreffende Stelle. Bemerken Sie Ausschläge Ihrer Rute? Nach oben? Nach unten? Schwach oder stark? Ändert sich der Ausschlag, wenn Sie entgegen der Fließrichtung des Wassers gehen? Experimentieren Sie, und machen Sie sich Notizen über Ihre Entdeckungen. Suchen Sie diesen Ort mehrmals hintereinander auf, aber hüten Sie sich davor, Rutenausschläge zu manipulieren. Nicht nachhelfen, denn entweder klappt es von selbst oder eben nicht.

Nicht alle Menschen haben das Talent zum Rutengehen, genau wie nicht alle gleich gut tanzen können. Ein wenig eingreifen kann man aber doch. So reagiert eine Rute aus Weidenholz gut auf Wasser, eine aus Kupfer gut auf Metalle. Mit einer Kupferrute können Sie einen eindrucksvollen Test selbst anstellen. Warten Sie auf eine stockdunkle Neumondnacht. Halten Sie dann eine Kupferrute über ein dunkles Tuch. Was Sie nun sehen, sind keine Gespenster, sondern ist die Ausstrahlung der in Schwingung versetzten Metallatome. Entfernen Sie sich von der Rute, löst sich das Phänomen auf. Ein Wunder? Nein. Die Ausstrahlung der Rute ist lediglich ein Zeichen für die „große Kraft“, die gerade Kupfer besonders gut weiterleitet. Was Sie sehen, ist nichts anderes als die Schwingungen der Atome, die durch den Hautkontakt eines Lebewesens provoziert werden.

Die Geschichte der Wünschelrute ist so alt wie die Menschheit. Der Gebrauch von „Zauberruten" läßt sich bis in Urzeiten zurückverfolgen. So ist Moses nichts anderes als ein Wünschelrutengänger, wenn wir in der Bibel lesen, daß er mit einem Stab gegen den Felsen schlägt, aus dem dann Wasser kommt. Im Mittelalter gehörte die Wünschelrute zur Ausrüstung der Bergleute – sie war ein unverzichtbares Werkzeug für die Entdeckung von Erzadern.

Auch die Natur macht vom Wünschelruten-Phänomen Gebrauch. Achten Sie bei Ihrem nächsten Spaziergang einmal auf schief gewachsene Bäume, insbesondere Birken, die ja gerne am Wasser stehen. Wenn Sie welche entdecken, wiederholen Sie Ihren Anfangstest gleich noch einmal. Gerade an solchen Stellen werden Sie einen kräftigen Ausschlag Ihrer Rute beobachten können, denn Bäume haben die Eigenschaft, sich unterirdischen Wasser- oder Erzadern entgegenzuneigen.

Mit der Wünschelrute nur auf Wassersuche? Oder ist dieses Instrument noch für andere Zielobjekte interessant? Bedenken Sie zunächst, daß die Ausstrahlung des Menschen in direkter Beziehung zur Ausstrahlung von Tieren, Pflanzen und Dingen steht. Was zwangsläufig zur Folge hat, daß sich somit auch die Anwendungsmöglichkeit der Wünschelrute erweitert. Ganz grob kann gesagt werden, daß sie sich primär zur Feststellung von unterirdischen Wasserläufen und von Erzadern eignet. Des weiteren aber auch zur Feststellung von Gefühlen, also zum Erkennen von Sympathie und Antipathie. Aber auch – wofür spektakuläre Beispiele existieren – zur Suche nach verlorenen Gegenständen, ebenso wie zur Suche nach vermißten Personen. Und schließlich kann man mit Hilfe einer Wünschelrute auch die Echtheit von Kunstwerken oder Unterschriften prüfen. Manche Meister auf dem Gebiet des Wünschelrutengehens können sogar Krankheiten lokalisieren und treffende Diagnosen stellen. Vorsicht aber bei solchen Experimenten: Abgesehen von den gesetzlichen Bestimmungen zur Ausübung der Heilkunde müssen Sie sich immer darüber im klaren sein, daß Menschenversuche tabu sein sollten.

Selbstverständlich können Sie alle diese Suchgänge alleine ausführen – vorausgesetzt, Sie haben den gesuchten Gegenstand oder Menschen vor Ihrem geistigen Auge. Falls Ihnen dies nicht gelingt, brauchen Sie Hilfe. Oft reicht es schon, wenn der Auftraggeber des Suchobjekts beim Rutengehen in Ihrer Nähe ist. Besser ist es jedoch, wenn Ihnen der Auftraggeber die Hand locker auf die Schulter legt, damit eine direkte Verbindungskette hergestellt wird. Allerdings sollten Sie sich in solche Abhängigkeit nur dann begeben, wenn unbedingtes Einverständnis zwischen Ihnen und dem Auftraggeber besteht. Mißgünstige Stimmung, Eifersüchteleien oder andere Ärgernisse stören die „große Kraft“ auf höchst empfindliche Weise. Mag sein, daß Sie in einem solchen Fall direkt über dem gesuchten Gegenstand stehen, und die Rute bewegt sich nicht einen Millimeter. Am besten, Sie testen vorher, ob Ihnen der Auftraggeber sympathisch oder unsympathisch ist. Natürlich geht das mit Hilfe des Pendels einfacher, doch auch die Wünschelrute kann hierfür eingesetzt werden. Richten Sie hierfür die Rute auf den Oberbauch der zu testenden Person, etwa in Höhe des Solarplexus am unteren Rand des Brustbeins. Neigt sich die Rute zu den Füßen der Person nach unten, stimmt etwas nicht in Ihrer Beziehung. Bei einem Ausschlag nach oben in Richtung des Gesichts dagegen steht einer Zusammenarbeit nichts im Wege – Sie und die Testperson verstehen sich prächtig. Was aber, wenn sich rein gar nichts rührt? Kein Ausschlag der Rute – kein Gefühl. Kann man das so einfach sagen? Ja, man kann. Nehmen Sie trotzdem zur Überprüfung einen Pendel, und wiederholen Sie das Experiment. Rührt sich noch immer nichts, werten Sie das Ergebnis eher als Antipathie, denn keinerlei Gefühlsregung verheißt nichts Gutes.

Nicht nur zur Feststellung „giftiger" Menschen dient die Wünschelrute beziehungsweise der Pendel, sondern auch zur Bestimmung von Giftpflanzen oder auch unbekömmlichen Nahrungsmitteln. Bei negativem Bescheid wird sich die Rute stets nach oben drehen, weg von dem untersuchten Gegenstand. Neigt sich die Rute jedoch hinab zu der Pflanze oder dem Nahrungsmittel, dann ist das Ergebnis gut ausgefallen. Bitte üben Sie aber vorher gut, und erlangen Sie erst absolute Sicherheit im Wünschelrutengehen, damit Sie sich nicht versehentlich vergiften. Lernen Sie, die Ausschläge zu beurteilen, indem Sie an bekannten Materialien üben, beispielsweise an Medikamenten, von denen Sie wissen, wie sie auf Sie wirken.

Noch ein paar Dinge sollten Sie beachten, bevor Sie sich an das Rutengehen machen: Bevorstehendes Gewitter beispielsweise oder Platzregen kann die „große Kraft" ungünstig beeinflussen. Auch sollten Sie Ihre Rutengänge vom Blick auf ein Barometer abhängig machen: Tiefdruck mit entsprechenden elektrischen Spannungen in der Atmosphäre wirkt sich natürlich auf die Ausschläge der Rute aus – vereinfacht gesagt, wirkt die Wünschelrute bei Gewitter als – durch Sie geerdeter – Blitzableiter. Beachten Sie, daß erhöhte Spannung durch Sie hindurchsausen kann, insbesondere, wenn Sie eine Rute aus Metall benutzen.

Auch der Mondwechsel kann das Rutengehen beeinflussen. Gerade, wenn Sie sowieso auf Mondwechsel empfindlich reagieren, achten Sie auf folgende Gesetzmäßigkeiten: Vermehrte Ströme sind vor allem bei zunehmendem Mond, ein paar Tage vor, aber auch – etwas abgeschwächt – ein paar Tage nach Vollmond anzutreffen.

Ein weiterer Ratschlag: Insbesondere im Sommer niemals um die Mittagszeit mit der Rute ins Freie gehen. Halten Sie es wie die Fotografen, und nehmen Sie Zeiten des wärmsten Lichts, also die Morgenzeit oder den Abend.

Radiästhesie auf dem Prüfstand

Die folgenden Zitate sind Auszüge aus dem höchst interessanten Vortrag „Radiästhesie und Wissenschaft", der 1990 in der „Zeitschrift für Parapsychologie und Grenzgebiete der Psychologie" erschienen ist. Gehalten hat den Vortrag der Soziologe Dr. Hubert Knoblauch, Experte auf den Gebieten Kommunikation, Religion und Wissenssoziologie, im Jahre 1988 auf dem V. Workshop der „Wissenschaftlichen Gesellschaft zur Förderung der Parapsychologie e.V." in Offenburg. Höchst eindrucksvoll zeigt Knoblauch auf, daß die moderne Wissenschaft dem Pendeln ebenso wie dem Wünschelrutengehen hilflos gegenübersteht – trotz redlicher Bemühungen um Verständnis:

Die Radiästhesie, die Lehre von Wünschelrute und Pendel, hat sich in der Moderne in einem starken Maße ausdifferenziert und institutionalisiert – sie ist zu einer modernen Form der Magie geworden. Die Entwicklung wurde begleitet von einer langen, wenn auch kaum bekannten Tradition der naturwissenschaftlichen Erforschung bzw. Überprüfung radiästhetischer Behauptungen. Die relative Erfolglosigkeit dieser Erforschung und ihrer Widersprüchlichkeit gründet darin, daß das Handeln der Radiästheten als ein „Naturphänomen" angesehen wurde, das jenseits menschlicher Intentionen angesiedelt ist ...

... Sehen wir uns den Radiästheten an. Im einfachsten Falle nimmt er die Rute zur Hand mit dem festen Ziel, eine Wasserader aufzuspüren. Wenn die Rute sich in seiner Hand bewegt

– ein äußerst umstrittener, für ihn aber sehr bedeutsamer Vorgang –, wird er meinen, auf eine verborgene Wasserader gestoßen zu sein. Wir als Beobachter oder Auftraggeber könnten in dem Falle nachgraben und auf Wasser stoßen – oder auch nicht. Lassen wir dieses letzte, nicht unmittelbar zur Radiästhesie notwendige Kriterium der Verifikation mittels einfacher Protokollsätze einmal beiseite, so könnten wir als unwissende Beobachter der Meinung sein, der beschriebene Vorgang sei ein typisches sinnhaftes, menschliches Handeln, naturwissenschaftlich höchstens so interessant wie der Hammer des Schmieds, der auf das glühende Eisen niedersaust. Es gibt allerdings einen gewichtigen Unterschied. Während das glühende Eisen der Alltagserfahrung unmittelbar evident ist, bleibt die Wasserader verborgen, und es ist für den Radiästheten im Regelfall (also von den spektakulären Ausnahmefällen abgesehen) weder notwendig noch möglich, dieser verborgenen Quelle seiner Bewegung nachzuspüren.

Versetzen wir uns in die Rolle des Radiästheten selbst, so gewahren wir sogleich auch einen weiteren Unterschied. Setzt der Schmied gekonnt auf ein vor ihm liegendes Ziel an, so wird der Radiästhet die Meinung vertreten, die Bewegung der Rute in seiner Hand sei ohne sein Zutun, ja mehr oder weniger gegen seinen Willen erfolgt – sei also ein Verhalten.

Verfolgen wir diesen Vorgang aber zurück, so werden wir sehen, daß der Radiästhet nicht von selbst zu dieser Ansicht kam. Sowohl das Rutengehen wie das Pendeln will erlernt *sein. Der Radiästhet wird von anderen in die nötigen körperlichen Fertigkeiten eingewiesen, die Haltung, die Spannung, der Bewegungsablauf werden ihm gezeigt. Nun könnte es sich immer noch um ein erlerntes Verhalten handeln. Doch selbst der körperliche Vorgang dieser einfachen Form des Rutengehens wird sozial vermittelt. In dieser sozialen Vermittlung wird dem Neuling auch das Wissen mitgeteilt, was der Ausschlag bedeutet. Schon nach wenigen Minuten wird der Laie gelernt haben: wo es ausschlägt, verbirgt sich eine Wasserader, und er wird dieses Wissen auch gegen die härtesten Anfeindungen, etwa der Geologie, rechtfertigen. Bedeutungen der Art, die menschliches Tun sinnhaft leiten, zählen nun jedoch nicht zum Reich der Natur, sondern zur Sphäre menschlicher Kultur.*

Die Leichtigkeit und Schnelligkeit, mit der diese einfache Form des Rutengehens erlernt werden kann, mag der Grund für ihre weite Verbreitung sein. Von über 240 Kunden eines sogenannten „Erdentstörers" verstanden sich beinahe die Hälfte auf mindestens diese einfache Form, und die Ergebnisse anderer Umfragen weisen auf eine weite Verbreitung der Radiästhesie sogar unter Jugendlichen hin (traditionell ist die Radiästhesie eine Disziplin der „Älteren") ...

... Die theoretischen Erklärungen wurden jedoch, seit sich Wissenschaftler mit dem Phänomen beschäftigten, immer abstrakter. Historisch wandeln sich die Erklärungen mit den jeweils gängigen oder modischen Theorien: von Korpuskeltheorien über den tierischen Magnetismus, den Galvanismus bis zur Elektrizität, Radioaktivität, zu kosmischen Strahlungen, Mikrowellen, magnetischen und elektromagnetischen Feldern. Exemplarisch für das Grundmodell dürften die Studien von Yves Rocard sein, einem der einst angesehensten Physiker Frankreichs, dem Vater des heutigen Premierministers. Er vermutete einen Zusammenhang zwischen Anomalien des Erdmagnetfeldes und dem Rutenausschlag. Rocard steht für eine Ausweitung der Fragestellung, die den Wünschelruten-

effekt als einen Sonderfall für die Wirkungen besonders schwacher Strahlen und Felder der unterschiedlichsten Art auf biologische Organismen betrachtete – eine Vermutung, die durch Untersuchungen über Einwirkungen von Mikrowellen, elektrischen und elektromagnetischen Feldern, Radioaktivität u.ä. auf biologische Organismen bestärkt wurde und die sich auch noch in einem bundesdeutschen Forschungsprojekt widerspiegelt, das die Reaktionen biologischer Makrosysteme auf Felder niedriger Energie zum Gegenstand hat ...

... Diese Ausweitung der wissenschaftlichen Fragestellung läuft parallel zu einer Entwicklung innerhalb der Radiästhesie. Mit dem Aufkommen einer medizinischen Radiästhesie in den zwanziger Jahren (und – was hier nicht ausgeführt werden kann – im Zusammenhang mit der Organisierung, Verkommerzialisierung und Verstädterung der Radiästhesie) setzte sich hier die Vorstellung durch, daß nicht nur „Sensitive" empfänglich seien für diese Strahlen. Die Empfindlichkeit für Strahlen („Fühligkeit") dieser Art wurde generalisiert. Nunmehr galt jeder Organismus als „sensitiv". Diese Generalisierung findet sich vorbildhaft in der als klassisch geltenden, eher anekdotischen Arbeit von Pohls. Diese Tradition der Forschung von nichtwissenschaftlichen Laien anzuführen ist wichtig, denn tatsächlich unterscheiden sich die Erklärungsansätze der Laien von den wissenschaftlichen nur im Grad der Genauigkeit und Ausführlichkeit. In beiden Fällen sehen wir aber eines: eine ungeheure Vielfalt. Erklärungen reichen von Elektronentheorien über Wellentheorien, elektromagnetische Feldtheorien, kosmische Strahlentheorien, Informationstheorien bis hin zu dem, was Bender eher der „Strahlenmystik" zuschreibt: mentale, spiritistische und astrologische

Erklärungen des Ausschlags. Es ist müßig, all diese Theorien anzuführen, denn die Erklärungstheorien sind für die Praxis weithin ohne Bedeutung. So ist es kein Problem, einen Radiästheten zu finden, der für seine Abschirmung zwei verschiedene Theorien zugleich anführt, und andere Radiästheten sehen kein großes Problem darin, daß die abzuschirmende Frequenz beim einen 50 Hertz, beim anderen gleich mehrere Millionen Hertz beträgt. Es ist auch nicht verwunderlich, daß in den radiästhetischen Schulen die Erklärungen wenig kanonisiert und standardisiert sind.

Diese Beliebigkeit der Erklärungen ist bezeichnend: sie zeigt an, daß das wissenschaftliche und laienwissenschaftliche Interesse an einer Erklärung des „Phänomens" und das Interesse der Praktiker sich keineswegs decken. Dies liegt begründet in Unterschieden, die das „Phänomen" selbst auszeichnen. Die einfache Form der Radiästhesie, der Rutengänger, der beim Gang mit seiner Rute nach lokalen Reizungen Ausschau hält, ist durch die Entwicklung der Radiästhesie selbst zu einer verbreiteten Erscheinung geworden. Diejenigen jedoch, die sich als Radiästheten betrachten und die als solche angesehen werden, blicken darauf etwas abschätzig als „Feld-, Wald- und Wiesenrutengehen". Im Unterschied zu diesen haben sie sich intensiv mit der Radiästhesie auseinandergesetzt, haben sich theoretisch gebildet und haben eine zum Teil schon quasi professionelle Karriere hinter sich. Es ist davon auszugehen, daß durch radiästhetische Verbände, in denen eine komplexe Form des Rutengehens und Pendelns betrieben wird, knapp 4000 Radiästheten in weit umfassendere Versionen der Radiästhesie eingeweiht wurden – auf deren Unterschiede zur einfachen Form gleich eingegangen wird.

Die Dunkelziffer der nicht organisierten oder in privatwirtschaftlichen Organisationen tätigen Radiästheten, die ebenfalls über diese „radiästhetischen Lehrmeinungen“ informiert sind, dürfte ein Mehrfaches dieser Zahl betragen ...

... Der erste Unterschied der Radiästhesie zum „Wünschelrutenphänomen“ der wissenschaftlichen Forschung besteht schon darin, daß den Radiästheten die Vielfalt der Erklärungen nicht als Problem erscheint. Wir können in ein und derselben Zeitschrift, ja bei ein und demselben Radiästheten sowohl eine physikalische Erklärung des Vorgangs finden als auch eine, in der Wassergeister oder wenigstens das kosmische Bewußtsein mitspielen. Diese Vielfalt ist für die Radiästheten deswegen unproblematisch, weil sie eben für die Praxis kaum eine Rolle spielen ...

... Der zweite Unterschied zu dem, was – in aller Regel – wissenschaftlich erforscht wird, ist eben die Praxis. Ganz abgesehen davon, daß die Wassersuche ein seltenes Ereignis ist, richten die Radiästheten ihr Interesse auf vielerlei, ja, mit den Worten eines englischen Autors, auf praktisch alles (und zwar unabhängig, ob Rute oder Pendel) ...

... Ein weiterer Unterschied besteht in der praktischen Ausführung. Das „Rutengehen“ kann ein Stehen, ein Aufbeugen oder Anpeilen sein, die Rute selbst ist schon seit ihrer Popularisierung im 18. Jahrhundert in den vielfachsten Formen gebräuchlich. In der englischsprachigen Literatur wird hierfür mit großem Vergnügen eine Knackwurst angeführt, die als Rute verwendet wurde; heute sprechen wir mehr von Bio- und Vitasensoren, von Einhand-, Winkel- oder Lecherruten.

Entsprechend sind auch die Empfindungen des Radiästheten sehr vielgestaltig. Sie reichen von Wärmeempfindungen über Kribbeln in Magen, Darm und Finger, die Senkung des Blutzuckers bis hin zum bloßen Spüren des Zugs – und zwar je nach Radiästhet anders. Die Vielfalt ist jedoch keineswegs chaotisch. Die Ausbildung von Organisationen seit diesem Jahrhundert hatte tatsächlich Systematisierungen zur Folge. Systematisiert wurden jedoch weder die Erklärungen noch die Verhaltensabläufe – systematisiert wurde vielmehr, was der Radiästhet sucht. Eine Reihe solcher Theorien leiten nicht die Erklärungen, sondern gehen in das Handlungswissen der Radiästheten ein. Je nach schulischer Affiliation zielt er auf eine bestimmte Reihe unsichtbarer Linien, Strahlen und Frequenzen, die er – ebenso von Schule zu Schule unterschiedlich – einmal in mehr physikalischen, ein anderes Mal in mehr esoterischen, „mentalen" Begriffen zum Ausdruck bringt. Diese Systeme von Zielen sind weder mit den – nach wie vor virulenten, aber marginalen – empirischen Zielen (Wasser, Erzadern u. dgl.) noch mit abstrakten physikalischen Maßen treffend umschrieben. Sie bilden vielmehr ein unsichtbares System, das zwar auf beide verweisen kann, das aber selbst nur mit Rute oder Pendel angezeigt bzw. das zu einer Art System der Bedeutungen des Ausschlags wird. Der Radiästhet sucht nun im wesentlichen mit seinen Ausschlägen – je nach Zugehörigkeit zu einer bestimmten „Schule" – bestimmte Linien, Gitter und Verbindungsstrahlen, die, wie ich es gerne nenne, das von den radiästhetischen Institutionen entwickelte radiästhetische Zwischenreich darstellen ...

... Diese Unterschiede mögen auf den ersten Blick lediglich als graduelle erscheinen. Die Radiästheten gehen eben – so

scheint es – über die Grenzen des Wissenschaftlichen hinaus, die aber die Grundlage bleibt. Dem scheinen die Ergebnisse wissenschaftlicher Untersuchungen recht zu geben. Obwohl auch diese stark von der Haltung und den sozialen Beziehungen der Forscher zur Radiästhesie abhängen, liegen offensichtlich leicht überzufällige Ergebnisse vor. Schon Agricola – der keineswegs der große Gegner der Radiästhesie war, wie in der Literatur oft behauptet – hebt die Nützlichkeit der Radiästhesie hervor, bemerkt aber auch ihre große Unzuverlässigkeit. Dasselbe Ergebnis findet sich auch in einer Untersuchung aus den fünfziger Jahren, die von dem Anthropologen Vogt und dem Psychologen Hyman durchgeführt wurde.

Die Grenzen wissenschaftlicher Aussagen und die Ansprüche der Radiästheten führen zu interessanten Kontrasten. So ist man mit Blick auf die empirische Treffsicherheit allerorten der Überzeugung, gute Radiästheten seien seltene Wesen. Dennoch wird ebenso kategorisch behauptet, beinahe jeder könne das Rutengehen praktizieren. Parallel dazu findet sich die Überzeugung, hinter dem Rutengehen stecke ein Kern überprüfbarer Wahrheit, darüber hinaus aber auch eine große Portion „Intuition“, wie es die einen, oder „okkultistisches Beiwerk“, wie es die anderen nennen. Dieser nichtwissenschaftliche Sinnüberschuß deutet auf grundsätzliche Unterschiede hin ...

... Die Rolle dieser Zeichenlehre wird auch deutlich, wenn man die Praxis der Radiästheten näher betrachtet. Gesucht und gefunden wird, was man zu suchen und finden gelernt hat. Es ist bezeichnend, daß sich die wesentlichen Systematisierungen des radiästhetischen Wissens mit diesen handlungsleitenden Orientierungen beschäftigen, deren Nachweis handelnd – eben

durch Rute und Pendel – geschieht. Für den Soziologen ist es wenig überraschend, daß sich auch gerade hier die unterschiedlichen sozialen Richtungen sehr deutlich geltend machen, denn unterschiedliche Richtungen der Radiästhesie – in etwa deckungsgleich mit verschiedenen Verbänden und Betrieben – propagieren ihre Versionen, die allemal über das Wassersuchen weit hinaus- oder gar ganz daran vorbeigehen. Die Radiästhesie erscheint, wie sie in der Praxis von Radiästheten betrieben wird, als eine symbolische Handlung, die an einem sozial erlernten Sinn orientiert ist. Diese Wirklichkeit ist keineswegs mehr natürlich, aber es wäre auch verfehlt, sie als Einbildung abzutun; um es mit den Worten von W.I. Thomas zu sagen: „Wenn Menschen etwas als wirklich definieren, so ist es auch in seinen Konsequenzen wirklich." ...

... Im Unterschied zu den meisten Bereichen der Parapsychologie – deren wissenschaftssoziologische Eigenheiten brauche ich hier sicherlich nicht auszuführen – ist die Erforschung der Radiästhesie, so punktuell sie betrieben wird, schon seit langem sozusagen im Herzen der Wissenschaft angesiedelt: in der Physik. In der Linie finden wir Robert Boyle, einen der Gründungsväter der Royal Society, Pierre Thouvenel und seine Physique occulte, im 18. Jahrhundert sehen wir Johann Wilhelm Ritter, Bähr und Barrett im 19. Jahrhundert, Tromp, Rocard, Dubrov und schließlich auch Herbert König und Hans-Dieter Betz im 20. Jahrhundert – bekannte Namen, zu denen sich auch weniger bekannte gesellen. (Die auf diesem Gebiet recht unbedeutende Forschung innerhalb der Parapsychologie kann hier vernachlässigt werden.) ...

... Seit längerem, verstärkt in den letzten Jahren durch die Ausweitung des Bildungssystems, zeichnet sich hier ein

Übergangsbereich ab. Eine Reihe von Wissenschaftlern tritt auch im Feld der Radiästhesie auf, veröffentlicht in radiästhetischen Organen und vertritt radiästhetische Theorien. Diese zwischen (oft Fachhochschul-)Wissenschaft und Radiästhesie pendelnden „vagabundierenden Wissenschaftler" tragen zwar zur internationalen Diskussion um die wissenschaftlichen Theorien wenig bei, wohl aber zur „Theoriebildung" innerhalb des Laienfeldes ...

... Die Grenzen der wissenschaftlichen Forschung zeigen sich auch am einzelnen Radiästheten. Die Radiästheten, die an solchen Versuchen teilnahmen, berichten meist etwas ironisch darüber. Dies nicht nur, weil sie in eine völlig ungewohnte Situation kamen, das heißt etwas anderes machen mußten, als sie üblicherweise zu tun gewohnt sind (das ist verständlich nach unseren Ausführungen über die unterschiedlichen Annahmen), sondern auch, weil ihre eigenen Vorstellungen über Strahlen- und Liniensysteme, die sie für ihre Suche als grundlegend ansehen, völlig unbeachtet blieben ...

... Johann Wilhelm Ritter war nicht nur ein bedeutender Physiker seiner Zeit (in der Wende vom 18. ins 19. Jahrhundert), der – bezeichnenderweise durch Zutun Oersteds – für kurze Zeit internationale Anerkennung fand. Er war darüber hinaus „der Physiker der Romantik". Als enger Vertrauter von Schlegel und Schelling – während seiner Münchner Zeit auch von Franz von Baader – wurde Ritter als Vollstrecker der Gedanken Novalis' angesehen, „durch die Physik und in den magischen Kräften, die dem Menschen über die Natur gegeben zu sein scheinen, diese zu seinem Planetismus zu erwecken, der die Versform eines noch verhinderten Organismus aller Körper war".

Seine Bedeutung für die Radiästhesie erlangte Ritter durch staatlich geförderte Versuche – München hat hier eine lange Tradition –, die nicht nur in München für Aufregung sorgten. Er war der Auffassung, es handele sich bei der Radiästhesie um ein elektrisches Phänomen, verwandt dem damals virulenten Galvanismus: „Bei der Wünschelrute z. B. verbindet sich das elektrische System Mensch über den feuchten Leiter Erde mit dem Metall in der Erde. Rute oder auch die Nerven und Muskeln des Rutengängers sind nur Elektroskope, die die Wirkung des elektrischen Stromkreises anzeigen." Daß sich dies so modern anhört, hat seine Gründe. Ritter, der für seine Selbstexperimente bekannt war, ist für einige fundamentale, oft überraschende Neuerungen verantwortlich. Nicht nur, daß er das romantische Motiv der Ganzheitlichkeit, der Harmonie von Mensch, Erde und Kosmos ins Spiel brachte, er war der Überzeugung, den Pendel mental leiten zu können, ohne jede „Vorladung". Wetzels paraphrasiert eine Beobachtung Hegels, wenn er bemerkt: „Hier geht es nicht mehr um eine, wie auch immer mysteriöse elektrische Reizung des Pendels durch Metalle, Körperleiter etc., die Magie ist tatsächlich am Werk, wenn jetzt solche Bewegungen durch einen geistigen oder willentlichen Akt hervorgerufen werden können. Der Elektrismus erscheint hier in einer neuen Qualität. Er ist ins Magische gewendet."

Entscheidender ist indes noch die Grundlage für diese mentale Wende. Trotz einiger Widerlegungsversuche war man bis zu Ritters Zeiten noch der Meinung, die Rute bewege sich selbst – sei es kraft göttlichen, dämonischen oder natürlichen Wirkens. Diese Auffassung ist auch phänomenologisch verständlich: man fühlt eben die Bewegung der Rute, das

Kreisen des Pendels. Ritters Neuerung lief hier wahrhaft auf den Spuren der Romantik: Er verlegte den Träger des Ausschlags von der Rute in den Menschen. „War es früher die Natur, (...) so ist es jetzt der Mensch selbst, der in einer bewußten Handlung diese Korrespondenzen ans Licht bringt." Die Bewegung der Rute ist nunmehr nicht eine Eigentätigkeit der Rute, sondern liegt im Menschen und seiner Empfindung begründet. Diese Neuerung war nicht folgenlos. Durch seine „Campettiaden", „Joujous de Campetti", weiteten sich Pendelséancen, an denen sich Schelling, von Baader u. a. beteiligten, nicht nur in München aus. Selbst Hegel meldete Schelling: „Goethen hab' ich neugierig gemacht." Und es überrascht wenig, daß Goethe es war, der diese Neuerung in Worte faßte. Kurz nach den Versuchen mit Campetti um 1807 beschreibt er im zweiten Teil (11. Kapitel) der Wahlverwandtschaften *(1809), wie Ottilie körperliche Empfindungen über Steinkohleadern verspürte, noch bevor sie das Pendeln erlernte (es verwundert nicht, daß sie sich als außerordentlich begabt erwies). Diese innere Erfahrung der Quellen radiästhetischer Reaktionen sollte in dem Maße Bedeutung gewinnen, wie sich die Auffassung durchsetzte (vor allem nach den Versuchen Chevreuls), daß der Ausschlag nicht auf eine Eigenbewegung der Rute oder des Pendels zurückgehe. Heute berichten 10 von 11 Radiästheten, die ich interviewte, von solchen Empfindungen, die vor Ritters Zeiten praktisch noch unbekannt waren. Ritter war offensichtlich Initiant einer Subjektivierung des Vorgangs (der indes zunehmend als „natürlicher" gedeutet wurde), als dessen Vollstrecker dann Reichenbach auftreten sollte. Für solche Innovationen gäbe es heute kaum mehr eine der romantischen vergleichbare litera-*

rische Öffentlichkeit, die sofort sprachliche Muster bereitstellen würde. Dennoch lassen sich soziale Folgen der wissenschaftlichen Forschung über die populäre (und heute mediale) Verbreitung der Radiästhesie kaum übersehen. Eine Konsequenz der quasi-wissenschaftlichen Schriftkultur (Zeitschriften, „Fach"-Bücher u. a.) zeigt sich in der Verwissenschaftlichung unter den Radiästheten selbst. Die Radiästheten entwickeln seit ihrer Institutionalisierung eigene Theorien, die durch „vagabundierende Wissenschaftler" und eine eigene, zum Teil äußerst entwickelte Forschung ergänzt wird und zu eigenartigen quasi-wissenschaftlichen Disziplinen führte, wie „Geobiologie", „Baubiologie", „Geopathie" etc.

Es ließe sich aber auch ein Szenario vorstellen, das die Folgen eines geglückten Münchner Versuchs ausmalte. Gesetzt der Fall, die Objektivierung gelänge und exaktere Messungen dessen wären möglich, was immer sich hinter Erdstrahlen verbergen mag. Das Rutengehen würde durch solche Instrumente überflüssig, der objektive Nachweis würde geradezu zum Tod der Radiästhesie führen, die sich vor solcher Exaktheit nicht mehr rechtfertigen konnte. Aber noch sind wir nicht so weit. Nicht nur, weil wir die Geräte nicht haben, sondern auch, weil die Radiästheten anderes machen, als das, was die Naturwissenschaft erforscht, und weil sie anderes im Sinne führen, als die wissenschaftliche Forschung will. Und diese wiederum ist selbst Teil der Radiästhesie als eines kulturellen und sozialen Phänomens..."

(aus: Zeitschrift für Parapsychologie und Grenzgebiete der Psychologie. Freiburg, 32. Jahrgang, 1990, S. 73 ff.)

Anwendung

Nach diesen Ausflügen in die Theorie des Pendelns und ersten praktischen Übungen steht der Anwendung dieses Instruments im täglichen Leben nichts mehr im Wege. Nun soll der Gebrauch des Pendels aber nicht dazu führen, daß Sie jede – auch die nebensächlichste aller Tätigkeiten – erst nach Befragen des Orakels ausführen, da dies eher einem Mißbrauch gleichkäme. Setzen Sie Ihren Pendel wirklich nur bei schwerwiegenden oder mittels Ihrer zur Verfügung stehenden Geisteskraft nicht lösbaren Problemen ein, um ihm den Status etwas Besonderen zu erhalten. Natürlich scheint es auf den ersten Blick bequem zu sein, sich in sämtlichen Fragen des Lebens von dem Pendel beraten zu lassen, doch wäre solches Vorgehen nicht nur der langfristigen Wirkung der Pendelkraft, sondern auch Ihrer eigenen Entscheidungsfähigkeit abträglich.

Doch selbst wenn Sie diese kleine Empfehlung befolgen, bleibt noch genügend Spielraum, dem Pendel einen gebührenden Platz im Alltag einzuräumen: Zu viele Gebrauchsgegenstände unseres täglichen Lebens sind ungewisser Herkunft und somit ungewisser Qualität – daneben findet der Pendel natürlich Anwendung bei der Beurteilung von Menschen, bei der Suche von Menschen und Gegenständen sowie bei der Diagnosestellung und Behandlung im Krankheitsfall.

Pendeln im Alltag

Bevor Sie beginnen, für Ihre Familie oder Freunde in den Sternen zu lesen und mit Hilfe des Pendels die Zukunft voraussagen oder gar eine Firma für Brunnenbohrungen gründen, müssen Sie klein anfangen, und zwar alleine und ausschließlich für sich. Zudem wären – falls Sie mit dem Gedanken spielen, die gerade angeführten Ziele zu verfolgen – zwei wichtige Aspekte zu bedenken, die Sie während Ihrer gesamten Pendelpraxis mahnend begleiten sollten. Zum einen haben Pendeln und sogenannte Salon-Kunststücke nichts gemein: Wenn Sie pendeln, dann aus einer bestimmten, von Ihnen definierten Notwendigkeit heraus, aber keinesfalls aus Angeberei oder zu Zwecken der Unterhaltung. Zum anderen steht der Aspekt des Profits zur Debatte, dessen alleiniges Vorhandensein den Pendel in Bahnen lenken könnte, die seriös nicht vertretbar wären.

Fangen Sie deshalb bescheiden an, am besten ohne darüber mit anderen Menschen zu sprechen, und erklären Sie Ihre Studien zur Verschlußsache – ein Vorgehen, das sich übrigens bei allen wichtigen Zielen beliebiger Bereiche auf das Beste bewährt hat. Des weiteren empfiehlt es sich anfangs, die zum Pendeln unabdingbare absolute Sicherheit in der Deutung der Ausschläge derart zu erwerben, daß Sie sich vorläufig auf Gebieten bewegen, die Sie zu Überprüfungszwecken mittels anderer Methoden ebenfalls austesten können.

Wollen Sie beispielsweise bestimmte Lebensmittel oder andere Gegenstände auf ihren Gehalt an Radioaktivität überprüfen, so sollten Sie zur Absicherung Ihrer Diagnosen zusätzlich einen Geigerzähler verwenden, auf den Sie erst dann verzichten, wenn Sie Ihrem Pendel blind vertrauen können. Oder stellen Sie Umweltgifte in Nahrung, Wasser oder Boden fest, so versuchen Sie zunächst einmal, soweit wie möglich mit dem Pendel zu arbeiten und geben die getesteten Proben anschließend in ein entsprechendes Labor, um den Verdacht zu erhärten beziehungsweise zu beweisen.

Diese Unannehmlichkeiten müssen Sie zu Beginn Ihrer Arbeit auf sich nehmen, wenn Sie nicht Gefahr laufen wollen, daß Ihre gesamte spätere Pendelpraxis wertlos ist, weil Sie entweder gar nicht pendeln können oder aber Ihre Deutung der Pendelantworten ganz einfach falsch ist. Auf einfachste Weise können Sie natürlich verfahren, wenn Sie – nur um sich und den Pendel zu testen – Versuche durchführen, die Sie selbst an Ort und Stelle nachprüfen können: Beispielsweise eignet sich hierfür das Ermitteln von Würfelzahlen unter dem umgestülpten Becher oder Ähnliches, wobei Ihrer Phantasie keine Grenzen gesetzt sind.

Nach Ablauf einer gehörigen Testphase werden Sie merken, wie sich Ihrer ein unbeschreibliches Gefühl der Sicherheit bemächtigt, wenn Sie Ihren Pendel ergreifen, und Sie werden auf die Kontrollmaßnahmen verzichten können. Beim Pendeln im Alltag sollten Sie natürlich auch bedenken, daß Sie andere Personen verletzen könnten, wenn Sie beispielsweise erst ausloten wollen, ob ein Mensch für Sie von Wert ist oder nicht. Verfahren Sie also hier mit dem notwendigen Taktgefühl, ohne jedoch in nicht zutreffende Vorwände zu flüchten und die Menschen über Ihr eigentliches Ziel zu täuschen. Im übrigen ist die körperliche Anwesenheit, wie Sie später noch sehen werden, keinesfalls notwendig, um einen

Wohin in den Urlaub

Abb. 15

Menschen auszupendeln – es sind hierzu Fotos, Handschriften und persönliche oder lediglich von ihm berührte Gegenstände vollkommen ausreichend. Bei hoher Sensitivität werden Sie allein durch den Gedanken an diesen Menschen genügend Material zur Verfügung haben, um zu einem für Sie gültigen Ergebnis zu gelangen.

Ein weiterer Punkt, der Ihren Alltag bestimmen könnte, ist die Frage nach Zukünftigem, nach eventuell eintretenden Ereignissen. Für diesen Bereich ergeht die Empfehlung, daß Sie sich in dem Stadium, in dem Sie erste Erfahrungen im Umgang mit dem Pendel sammeln, damit grundsätzlich nicht befassen. Beschränken Sie sich in dieser Phase zunächst auf Gegenwärtiges, alleine schon deshalb, weil die Antworten auf diese Fragen meist unmittelbar nachzuprüfen sind. Bewahren Sie sich die umstrittene Kunst der Wahrsagerei bis zu dem Moment auf, in dem für Sie das Erpendeln gegenwärtiger Dinge keinerlei Problem mehr darstellt, gehen Sie also auch zeitlich gesehen systematisch vor. Zudem birgt der Blick in die Zukunft die altbekannte Gefahr des Wunschdenkens, dem Sie als Anfänger noch mehr ausgeliefert wären, als es selbst alte Hasen auf diesem Gebiet sind. Nehmen Sie sich, um das Problem zu verdeutlichen, folgenden Fall vor: Sie wollen im Winter zwei Wochen in den Urlaub fahren, wobei die Wahl des Reiseziels von zwei wesentlichen Kriterien bestimmt sein soll. Zum einen sollen die Kosten den Preis von angenommen 3 000 Mark nicht übersteigen, und zum anderen soll während der gesamten Zeit die Sonne scheinen. Nun, der erste Punkt führt relativ schnell zu einer Eingrenzung, so daß hier teure Fernziele wie beispielsweise die Südsee oder bestimmte Regionen der Karibik ausfallen. Jetzt sitzen Sie über der

Weltkarte und studieren den Schönwettergürtel, der sich ungefähr von 30 Grad Nord bis 30 Grad Süd erstreckt. Theoretisch könnten Sie fast jeden Teil dieses Bereichs besuchen, doch nun gesellt sich ein weiterer Punkt hinzu: Ihre geheime Sehnsucht gilt – angenommen – schon immer Brasilien – und hier beginnt die Problematik. Wahrscheinlich wird Ihr Pendel über diesem Teil der Weltkarte ausgesprochen positiv reagieren, so daß Sie sich die ganze mehr oder weniger umständliche Arbeit hätten ersparen können.

Vielleicht konnte Ihnen dieses Beispiel die enge Verknüpfung von geheimen und offenen Wünschen und dem Blick in die eigene Zukunft nahebringen. Natürlich kann hier allein das Bewußtsein um diese Tatsache ein wenig weiterhelfen und das Wunschdenken reduzieren – aber nie völlig ausschließen. Und falls Sie davon überzeugt sind, in die Zukunft sehen zu können, dann beschäftigen Sie sich einfach etwas eingehender mit dem Wetter beziehungsweise dessen Vorhersage: Bereits ein einziger „Ausrutscher" über einen Versuchszeitraum von 365 Tagen gestattet die Aussage, daß Ihnen der Blick in die Zukunft verwehrt ist.

Das folgende Kapitel soll Sie keinesfalls in Ihrem Pendeleifer bremsen. Sie sollten lediglich nochmals checken, wie Sie tatsächlich zu dem Thema stehen, sich also selbst einordnen.

Esoterik – Kult ohne Ende

Okkulte Praktiken wie Gläserrücken oder schwarze Messen gehören heute ebenso zur Alltagskultur von Jugendlichen wie früher das Drachensteigenlassen oder Seifenblasen. Rund die Hälfte aller Heranwachsenden haben mindestens schon einmal Gläser gerückt, gependelt oder bei einer magischen Beschwörung beziehungsweise schwarzen Messe mitgemacht. Das ergab eine Untersuchung unter knapp 700 Schülern zwischen 14 und 18 Jahren im Frankfurter Raum. Mädchen zeigten sich dabei wesentlich erfahrener in okkulten Dingen als Jungen: Jedes zweite Mädchen, aber nur ein Drittel der Jungen gaben an, sich mindestens schon einmal an einer okkulten Praktik versucht zu haben. Am beliebtesten soll der Umfrage zufolge das Gläserrücken sein, gefolgt vom Pendeln; erst an letzter Stelle stehen schwarze Messen. Die Gefahren des Jugendokkultismus seien zwar eher gering, pädagogische Hilfestellungen und Informationen im Umgang damit jedoch selten, lautete die Bilanz der Studie. So hätten nur knapp zwei Prozent der 14- bis 18jährigen angegeben, im Schulunterricht über okkulte Praktiken informiert worden zu sein. Als Motive nannten die Schüler Neugier, Interesse an „etwas Neuem" und den Einfluß von Freunden. Persönliche Probleme, Hilfe bei schwierigen Entscheidungen oder „sich selbst besser kennenlernen" gaben sie dagegen selten an.

Alltagsflucht und Kritik an den autoritären Praktiken der Kirchen wecken auch bei Ex-DDR-Bürgern esoterische Sehnsüchte. Egal, ob sie Scientology, Hare Krishna, Mun-Bewegung, Kinder Gottes, Holic-Gruppe, Heimholungswerk

Jesu Christi, Universelles Leben oder Zeugen Jehovas heißen, die „Religionsclubs" haben gerade in den neuen Bundesländern großen Zulauf.

Wo jahrzehntelang der Absolutheitsanspruch des Dialektischen Materialismus herrschte und die christlichen Kirchen nur eine Minderheit von maximal 30 Prozent ansprachen, ist das Klima auch für gefährliche Sekten günstig. Daher gilt zu berücksichtigen: Wenn ein Schüler in Leipzig sich am Pendeln versucht, und es klappt, bedeutet das etwas völlig anderes, als wenn dies ein Pendlerkollege in Hamburg macht.

Okkultistische Praktiken wie Pendeln, Gläserrücken, Kartenlegen oder schwarze Messen waren unter Ostberliner Schülerinnen und Schülern zu Anfang der Neunziger noch weitaus weniger verbreitet als bei ihren Altersgenossen im Westteil der Stadt. Das behauptet eine Vergleichsstudie, die Dr. Hartmut Zinser, Professor für Religionswissenschaft an der Freien Universität Berlin, unter mehr als 2 000 Jugendlichen an 22 Ostberliner Schulen durchgeführt hat. Seiner Umfrage zufolge ist auch das Wissen darüber im Osten deutlich geringer, das Bedürfnis nach mehr Information allerdings wesentlich größer als im Westen.

Nahezu die Hälfte aller Deutschen bekennt sich heute dazu, an außerirdische Wesen zu glauben. 30 Prozent glauben an Ufos, 15 Prozent an Hexerei, 70 Prozent an schädliche Strahlungen und 20 Prozent führen Gespräche mit dem Jenseits. In diesem esoterischen Ambiente verdienen bei uns rund eine halbe Million Hellseher ihr täglich Brot – mehr, als es Pfarrer und Priester zusammen gibt.

Eines aber hat sich geändert: Der Begriff „New Age" – Modewort in den Achtzigern – zieht heute nicht mehr, er ist „out". „In" sind heute Bibelkreise und Meditationssitzungen im Internet; Befreiung des Geistes via Computer? Nein, es ist viel profaner. Das Netz ist nur eine neuartige Ladentheke, mehr nicht. Es geht nach wie vor ausschließlich um Umsatz, da hat sich seit der „New Age“-Zeit nichts geändert. Noch immer dreht der Esoterik-Markt alleine in Deutschland an die rund 18 Milliarden Mark.

Was ist aus Goethes Neugier geworden, wenn er im Faust philosophiert: *„Daß ich erkenne, was die Welt / Im Innersten zusammenhält ...“?* Diese Frage stellen sich heute eine Menge Menschen mehr; rund 300 religiös angehauchte Gruppierungen binden allein bei uns rund 2 Millionen Menschen – mit oder ohne Mitgliedsbeitrag. Dringend nötig wäre ein Ausmisten des engumkämpften Marktes. Zu viele Scharlatane bieten Kurse an, die nichts bringen außer Geld in die Kasse des Veranstalters. Zu sehr verallgemeinert wurden die einstigen Geheimlehren, wenn man heute schon in der Volkshochschule die Kunst der Magie erlernen kann. Da kann man nur beipflichten – nicht zynisch, sondern traurig –, wenn mittlerweile von „spirituellem Materialismus“ gesprochen wird.

Nehmen Sie diese Entwicklung zur Kenntnis, aber lassen Sie sich dadurch nicht vom Pendeln abhalten. Ein wenig gesunde Kritik tut jedem gut, und vielleicht prüfen Sie an dieser Stelle aufs neue, weshalb Sie sich eigentlich für das Pendeln interessieren. Und wenn Sie einmal die Gelegenheit haben, eine sogenannte Esoterik-Messe zu besuchen, betrachten Sie bitte einmal die Gesichter der „beratenden“ Aussteller. Das gierige Funkeln in den Augen unterscheidet sich nicht vom Ausdruck eines x-beliebigen Verkäufers, dem es einerlei ist, ob er Versicherungen oder Schweinehälften feilbietet.

Auspendeln von Gebrauchsgegenständen

Ganz und gar nichts mit Wahrsagerei hat das Auspendeln von alltäglichen Gebrauchsgegenständen zu tun, vielmehr handelt es sich hierbei um eine bestechend einfache Möglichkeit, Dinge unklarer Provenienz auf ihre Verträglichkeit zu prüfen. Zwar werden Sie in unserer heutigen Zeit mit einer Vielzahl von kritischen und deshalb absolut notwendigen Testberichten konfrontiert, die erhebliche Mängel in puncto Qualität und Verträglichkeit von verschiedenen Produkten aufzudecken vermögen, doch weisen diese Untersuchungsergebnisse selbst einen nicht zu unterschätzenden Mangel auf: Die Urteile und Klassifizierungen beispielsweise der Zeitschriften „Natur" oder „Test" sind nicht selten pauschal und belegen durchgefallene Produkte mit dem Stempel „Für alle Menschen ungeeignet".

Nun, das liegt in der Natur der Sache, denn eine Redaktion kann natürlich unmöglich Millionen von Einzeltests veranstalten – aber es ist trotzdem nicht korrekt. Ausgegangen wird nämlich bei diesen Untersuchungen von sogenannten normalen Werten der Verträglichkeit oder von „persönlicher" Belastbarkeit, wobei die Konstitution dieses Testmenschen absolut nicht mit der Ihren übereinstimmen muß. So muß ein für die Allgemeinheit als ungesund bewertetes Mineralwasser nicht unbedingt für Sie schädlich sein, da Ihre Toleranzgrenze vielleicht wesentlich höher angesiedelt ist als die des Durchschnitts – und umgekehrt kann Ihnen natürlich auch ein für der Gesundheit zuträglich befundenes Wasser schlecht bekommen, wenn Sie mit Ihrer Verträglichkeitsschwelle weit unter der Norm liegen.

An dieser Stelle beginnt das Einsatzgebiet des Pendels, wobei Sie sinnigerweise zunächst einmal diejenigen Sachen testen, die Ihnen sowieso schon suspekt vorkommen oder nach deren Genuß Sie sich unwohl fühlen. Verfallen Sie aber nicht in den Zwang, ein und dieselbe Sache stets aufs neue zu testen, sondern begnügen Sie sich damit, Ihre Untersuchungen jährlich vorzunehmen – mit diesem Intervall tragen Sie dem Umstand, daß sich Ihre Konstitution im Laufe der Zeit verändert, zur Genüge Rechnung.

Ob Sie nun Brot, Milch oder Fleisch auspendeln – verlieren Sie sich dabei nicht ins Detail, aus dem Sie nur schwer wieder herausfänden. Testen Sie also nicht die Brotsorte, sondern Ihren Bäcker, indem Sie in verschiedenen Geschäften jeweils eine Semmel oder ein Brot kaufen und dann den Pendel befragen, welches Produkt Ihnen am besten bekommt. Haben Sie Ihr Urteil aufgrund einer eindeutigen Antwort des Pendels gefällt, dann sollten Sie bis zu einem weiteren Test in etwa einem Jahr bei Ihrer Entscheidung bleiben. Ebenso verfahren Sie bei der Milch, bei Öl oder anderen Produkten. Beim Fleisch sollten Sie vor der Auslese des Metzgers zunächst einmal prüfen, welche Sorte Ihnen am besten bekommt – nicht jedermann verträgt Kalbfleisch oder Schweinefleisch gleich gut.

Beim Auspendeln Ihrer Lebensmittel müssen Sie nicht, wie häufig beschrieben, davon eine Probe in ein Röhrchen füllen, um es dann mit der Hand, in der Sie den Pendelfaden halten, zu umschließen. Pendeln Sie direkt über dem Produkt, konzentrieren Sie sich auf Ihren Pendel und das auszupendelnde Objekt, und stellen Sie dann die gezielte Frage: „Ist das für mich gesund?“ oder „Macht mich das krank?“. Natürlich empfiehlt es sich auch hier, zumindest während der ersten Zeit Ihrer Pendelpraxis, die gewonnenen Ergebnisse mittels Wiederholungsversuchen zu untermauern.

Ähnlich verfahren Sie bei der Gruppe der Genußmittel, die durchaus nicht für jeden Menschen Gifte darstellen müssen, denn solange es starke Raucher gibt, die trotz ihres Lasters hundert Jahre alt werden, ist es falsch, zu behaupten, daß das Rauchen für jeden Menschen gesundheitsschädlich sei. Die Genußmittel – unter die nicht nur Tabakwaren, sondern auch Kaffee, Tee und Alkoholika fallen – sind längst nicht mehr „Mittel, die dem Genuß dienen“, sondern ihr Konsum ist zur liebgewonnenen Gewohnheit geworden, auf die man nicht mehr verzichten möchte. Nun würde es den Rahmen dieses Buches sprengen, die Psychoproblematik unserer kleinen und großen Süchte zu analysieren, weshalb hier auch nicht diskutiert werden soll, ob es allgemein sinnvoll oder unsinnig ist, Genußmittel zu sich zu nehmen. Für Sie von Bedeutung ist nicht die Gesamtproblematik, sondern die Überprüfung Ihrer persönlichen Situation und die Verträglichkeit der einzelnen Mittel. Es mag sein, daß die meisten Menschen von ihrer Konstitution her nicht rauchen oder trinken dürften – Sie können das bei sich selbst durch die Befragung des Pendels ermitteln. Sagt Ihnen nun Ihr Pendel, daß eine bestimmte Gruppe von Genußmitteln für Sie ohne Gesundheitsschäden ist, so bedeutet dies noch lange nicht, daß Sie innerhalb dieser Gruppe auch alle Einzelprodukte vertragen.

Aus diesem Grund sollten Sie beispielsweise bei Kaffee alle greifbaren Kaffeesorten einzeln untersuchen, bevor Sie wirklich behaupten können, daß Sie prinzipiell keinen Kaffee vertragen. Natürlich ist es nicht leicht zu verdauen, wenn Ihr Pendel eines Tages sagt, daß Sie beispielsweise Ihren geliebten Bordeauxwein besser nicht trinken sollten, und es besteht durchaus die Gefahr, daß Ihr Wille, diesen Wein weiterzutrinken, stärker ist als Ihr Vertrauen in den Pendel – was zwangsläufig zu falschen, vom Unterbewußtsein manipulierten Meßergebnissen führen muß. Ein kleiner Trick kann Ihnen helfen, bestehende Abwehrmechanismen zu überlisten: Pendeln Sie solche „kritischen" Objekte morgens unmittelbar nach dem Aufstehen aus, wenn Ihre auf den eigenen Vorteil gerichteten Sinne noch schlafen und ein höchstes Maß an Entspannung vorherrscht.

Beim Auspendeln anderer alltäglicher Objekte wie beispielsweise Kleidung oder Mobiliar gilt natürlich auch, das Pendeln nicht zwanghaft entgleisen zu lassen, so daß Sie hier bei Kleidung lediglich zwischen synthetischen und natürlichen Stoffen entscheiden oder bei Sitz oder Liegemöbeln die optimalen Standorte justieren.

Einen wichtigen Punkt für den Erfolg Ihrer Pendelarbeit stellt neben diesen Empfehlungen die Anerkennung eines Tabus dar, über die Sie sich von Anfang an im klaren sein sollten. Zu Fragen des persönlichen Geschmacks dürfen Sie Ihren Pendel nicht mißbrauchen, nicht zuletzt deshalb, weil diese Eigenschaft unberechenbaren Einflüssen und Wechseln ausgesetzt ist. Wohl können Sie fragen, ob ein bestimmtes Kleidungsstück für Ihre Haut gut oder schlecht ist, doch niemals sollten Sie fragen, ob es Ihnen auch gefallen oder stehen wird. Der Charakter dieser Fragestellung wurde bereits besprochen, denn er ist eindeutig der Wahrsagerei zuzuordnen, mit der Sie sich als Pendelanfänger nicht unbedingt beschäftigen sollten.

Ebenso sollten Sie die Arbeit – wenn Sie sich schon damit beschäftigen – ernst nehmen und sowohl die Objekte als auch die Fragestellungen mit einem gewissen Respekt auswählen. Eigentlich unsinnige oder unausgereifte Problematiken mit dem Pendel und der „großen Kraft" in Beziehung zu setzen, wird mit Sicherheit zu keinen vernünftigen Ergebnissen führen – lassen Sie also Ihr Auge oder Ihr Ohr entscheiden, wenn Sie nicht genau wissen, welche Stereoanlage Ihnen nun besser gefallen könnte, keinesfalls aber den Pendel. Natürlich sind auch hier Pauschalierungen nicht zulässig, und wenn es Menschen gibt, bei denen die Wahl eines Musikinstruments von der Bedeutung her der Wahl zwischen Leben und Tod gleichkommt, so kann selbst verständlich auch in diesem Fall gependelt werden. In der Regel jedoch werden Sie selbst am besten wissen, welche Fragen substantiellen Wert für Sie haben und somit pendelwürdig sind, und welche Fragen eher spielerischer Natur sind, so daß eine Fehlentscheidung ohne große Bedeutung bliebe.

Eine sicher gute Entscheidung ist, sich mit dem Pendel in der Hand erst einmal im eigenen Heim umzuschauen. Dazu im folgenden Kapitel ein paar interessante Fakten.

Wohnen im Gift

Das sogenannte Sick Building-Syndrom ist ein relativ neues Krankheitsgebiet – gemeint sind damit Beschwerden, die durch giftige Materialen unserer Behausungen verursacht werden. So simpel es klingt, aber gerade das Aufspüren solcher schädlicher Stoffe ist ein erfolgversprechendes Tätigkeitsfeld für den Pendler.

Im täglichen Leben finden sich mehr und mehr mit modernen Baustoffen erbaute oder renovierte Gebäude, deren Nutzer über eine Palette von wiederkehrenden Symptomen klagen: Müdigkeit, Kopfschmerzen, Haut- und Bindehautreizungen, Irritationen des Hals-, Nasen- und Rachenraums, Konzentrationsschwäche etc. Diese Störungen und gesundheitlichen Beeinträchtigungen führen oft zu krankheitsbedingten Fehlzeiten – und damit verbunden sind natürlich einschneidende finanzielle Folgen. Allein das dürfte der Grund dafür sein, daß der Bereich Innenraumbelastung mittlerweile zu einem Thema nationaler und internationaler Kongresse wurde. So hat eine Berechnung des Deutschen Gewerkschaftsbundes ergeben, daß mehr als zehn Millionen Arbeitnehmer regelmäßig Umgang mit gefährlichen Stoffen haben; 6,4 Millionen arbeiten häufig unter Lärmeinwirkung, 5,2 Millionen in Nässe, Kälte, Hitze und Zugluft – Bedingungen, die nicht jeder schadlos zu überstehen vermag.

Was aber kann der Arbeitnehmer tun, der in einem solchen Klima abeiten muß? Zumindest einmal einen Anfangsimpuls geben, indem er mit Hilfe des Pendels einen ersten Verdacht äußert. Zum zweiten gibt es gerade innerhalb von Großraumbüros Plätze für den Schreibtisch, die weniger bekömmlich sind, weil sie beispielsweise ausgerechnet über einer Wasserader stehen. So etwas kann ausgependelt werden, ebenso wie die Himmelsrichtung, nach der es sich für den jeweiligen Pendler am besten arbeiten läßt.

Früher bestanden die Häuser aus körperfreundlichen natürlichen Materialien, an die sich der Mensch im Laufe der Evolution gewöhnt hat. Heute bestehen die Gebäude zum Großteil aus synthetischen, giftigen, teilweise haut- und körperunfreundlichen Materialien.

Die Künstlichkeit unserer Umwelt ist erschreckend. Wir müssen uns auf unsere Verantwortung gegenüber der Natur zurückbesinnen, denn wir sind nun einmal Bestandteil der Natur. Erkennen und sehen wir aber die Wechselwirkung von Mensch, Behausung und Umwelt: Durchschnittlich 90 Prozent des Tages verbringt der Mensch in Innenräumen. Den größten Teil davon zwangsläufig in der Wohnung, im Auto beziehungsweise in Nahverkehrsmitteln, an der Arbeitsstätte und in öffentlichen Gebäuden. Leider hat diese Tatsache zur Folge, daß die Möglichkeiten, sich schädlichen Ausstrahlungen von Baumaterialien zu entziehen, sehr eingeschränkt sind – selbst wenn das eigene Haus nach „ökologischen" Kriterien erbaut wurde.

In Innenräumen halten sich jedoch nicht nur gesunde und widerstandsfähige Erwachsene, sondern auch Menschen auf, die besonders empfindlich auf bestimmte Luftschadstoffe reagieren können. Nicht zu vergessen, daß die Widerstandskraft vorübergehend oder dauernd geschwächt sein kann – so beispielsweise bei Kindern, Schwangeren, Alten und chronisch Kranken. Besonders paradox ist, daß natürlich auch

Krankenhäuser nach wirtschaftlichen Gesichtspunkten gebaut werden: billig und schnell. Nun kann ja kein Patient beginnen, sich den Standort seines Krankenbetts auszupendeln. Aber das Patientendasein ist ja eine Ausnahmesituation, um die es hier nicht geht.

Seit in den 70er Jahren damit begonnen wurde, Räume besser abzudichten, um Energie zu sparen, nahmen die Beschwerden über die schlechte Innenraumluftqualität zu. Die Frage muß heute lauten, ob wir uns krank isolieren. In der Innenraumluft kommen heute organische Verbindungen in höheren Konzentrationen vor als in der Außenluft. Zwar kommt als Schadstoffquelle vornehmlich die Außenluft in Betracht; vor allem dann, wenn das Gebäude an stark befahrenen Straßen liegt. Der Ursprung kann aber auch in den Innenräumen selbst liegen, etwa im Mobiliar oder in den verwendeten Baustoffen. Emissionen können unter anderem aus Dämmstoffen, Bodenbelägen, Klebern, Teppichböden, Farben, Lacken stammen. Daneben werden die Gifte aus Reinigungs- und Desinfektionsmitteln oft unterschätzt, was auch für Schädlingsbekämpfungsmittel gilt.

Wir sollten uns stets vor Augen halten, daß wir über die Wirkungen einzelner flüchtiger organischer Verbindungen in der Innenraumluft bei unterschiedlichsten Konzentrationen gegenwärtig nur sehr wenig wissen. Und über die Wirkung von Schadstoffgemischen ist kaum etwas bekannt. Da entsteht beispielsweise aus der Verbindung eines Parkettklebers und einer Möbelpolitur ein völlig neuer Stoff, dessen Wirkung kein Mensch einschätzen kann.

Man muß sich an dieser Stelle ehrlicherweise fragen, inwieweit da Pendeln noch helfen kann. Es kann. Auf direktem

Wege ist Pendeln ein durchaus probates Instrument, um Gifte aufzudecken. Und auch indirekt mag Pendeln durchaus weiterhelfen: Hat sich ein Stoff oder eine Stelle laut Pendel als bekömmlich erwiesen, tut der Organismus ein übriges, diese Erkenntnis zu bestätigen.

Noch eine Bemerkung zum Sick Building-Syndrom: Die meisten der oben angeführten Symptome werden auffallend oft von Personen genannt, die in klimatisierten Räumen arbeiten. Zum besseren Verständnis seien hier kurz Wirkungsweise und Aufbau einer Klimaanlage skizziert: Außenluft wird in das Gebäude angesaugt, gefiltert, angewärmt und danach in der Sprühbefeuchterkammer angefeuchtet. Hierzu wird Wasser entweder von oben oder von vorne gegen den Luftstrom gesprüht. Die Luft passiert einen Tropfenabscheider und wird danach in die Räume geleitet. Nicht von der Luft aufgenommenes Wasser wird gesammelt und erneut dem Kreislauf zur Befeuchtung zugeführt. Aus diesem Ablauf wird klar, daß die Befeuchterkammern ein geradezu hervorragendes Milieu für Mikroorganismen darstellen. Und nun die logische Konsequenz: Um dem unkontrollierten Wachstum von Bakterien, Pilzen, Algen und Amöben zu begegnen, werden Wasserbehandlungsmittel, also Biozide zugesetzt. Dabei ist längst bekannt, daß die Behandlung von Befeuchtern mit Bioziden und Chemikalien die Situation unter Umständen noch verschlimmern kann, da diese Substanzen hochgiftig wirken können. Beobachten Sie die Wartung Ihrer Klimaanlage, denn üblicherweise stellt sich die höchste Biozidkonzentration in der Raumluft nach der Zumischung ein. Auch die Außentemperatur beeinflußt den Biozidgehalt: Bei kalter Zuluft wird eine stärkere Erwärmung und intensivere Befeuchtung nötig.

Nicht berücksichtigt wurden bisher die zusammenwirkenden Effekte, zu denen es kaum Untersuchungen gibt. Dabei wäre es ungemein wichtig, diese zu erforschen, da gerade die Mittel der Kammerjäger oft mehrere Pestizidwirkstoffe zur Wirkungsverstärkung enthalten. Warnhinweise beziehen sich immer nur auf einen einzelnen Wirkstoff, nicht jedoch auf die Kombinationseffekte. Übrigens: Für sogenannte Entwesungs- und Entseuchungsmittel gibt es keinerlei behördliche Zulassung – rein theoretisch kann also alles eingesetzt werden. Sie müssen selbst testen, mit welchem eingesetzten Stoff Sie „überleben" können. Testen Sie also mit Ihrem Pendel ausgiebig an einigen Proben, bevor Sie den Kammerjäger an die Arbeit lassen. Falls Sie überhaupt in der glücklichen Lage sind, einen solchen Einsatz mitzubekommen. Denn in Betrieben und öffentlichen Einrichtungen wird im allgemeinen über Kammerjägereinsätze nicht informiert. Ungeziefer im Haus ist häufig ein Tabubereich – schon deshalb dringen Kammerjägereinsätze selten an die Öffentlichkeit. Auch besonders gefährdete Personengruppen wie Allergiker, Schwangere und Kinder werden nicht benachrichtigt. Und was noch schlimmer ist: Bei auftretenden Beschwerden wird ein Zusammenhang mit dem Pestizideinsatz oftmals prinzipiell geleugnet. Brisant ist das Ganze vor allem deshalb, weil Pestizide eingesetzt werden können, die aufgrund ihrer Gesundheitsgefährdung im Freien seit langem nach dem Pflanzenschutzgesetz verboten sind. Zudem benötigt der Kammerjäger keinerlei Ausbildung, und erfahrungsgemäß verharmlosen Kammerjäger die Gesundheitsgefährdung durch von ihnen eingesetzte Pestizide.

Diese Ausführungen haben, obwohl nicht auf den ersten Blick ersichtlich, sehr wohl mit dem Pendeln zu tun. Denn

Pendeln ist nicht nur das Schwingenlassen eines Gewichts an einer Kette oder Schnur. Pendeln ist mehr: Es steht als Sinnbild für eine Geisteshaltung, die in unsere nächste Umgebung einfließen sollte. Standort, Material, Baustoffe und Konstruktionsweise, aber auch Bauweise, Bauform und Haustechnik sind keine nebensächlichen Punkte. Gerade diese Dinge sollten Sie auspendeln – sie sind viel wichtiger als Dekorstoffe oder Fliesenfarben.

Das biologische Bauen steckt noch in den Anfängen. Wie alles, was organisch wächst, benötigt die Umstellung Zeit. Ebenso wie die Natur, die auch keine Sprünge macht, sondern sich organisch entwickelt.

Die Chinesen sind uns da weit voraus. Feng-Shui heißt die fernöstliche Variante der Geomantie, die davon ausgeht, daß die Erde ein lebender Organismus ist. Da gibt es – insbesondere an Kreuzungspunkten von Kraftlinien (Meridianen) – sogenannte Orte der Kraft. Werden diese Knoten bei uns mit Wünschelrute oder Pendel gefunden, so haben die Chinesen dafür ihre eigene traditionelle Methode.

Die Anwendung ist weitaus schwieriger als die Arbeit mit Pendel oder Wünschelrute; man benötigt spezielle Instrumente wie einen Feng-Shui-Kompaß, einen Ba-Gua-Spiegel und ein Feng-Shui-Lineal. Mittlerweile gibt es auch Lehrbücher in deutscher Übersetzung, die uns diese Kunst nahebringen, obwohl sie eigentlich nicht unserem Kulturkreis entspricht. Sollte diese Art der Feldforschung Sie trotzdem interessieren, hier ein kurzer Vorgeschmack:

- *Häuser in dreieckigen Grundstücken bringen Unglück, es sei denn, es handelt sich um Reihenhäuser.*

- *Ein großer Garten hinter dem Haus bietet Schutz und Sicherheit.*
- *Ein von höheren Gebäuden eingeklemmtes Haus behindert den harmonischen Kräftefluß.*
- *Ein Spiegel an der Hauswand zieht Glück von entfernten Gewässern an.*
- *Ein Bach im Grundstück muß durch Felsen und Pflanzen gebremst werden, damit er das Geld nicht fortschwemmt.*
- *Bäume direkt vor dem Hauseingang behindern den Eintritt positiver Kräfte.*

(aus: Das Feng-Shui-Set von Man-Ho Kwok mit Joanne O'Brien. Goldmann Verlag, München 1995)

Von diesen Gesetzen existiert eine ganze Litanei, wobei davon recht viele problemlos in unsere Breiten verpflanzt werden können. Selbst wenn bei uns erst wenige Hochhäuser von Versicherungen und Banken nach den Gesetzen des Feng-Shui gebaut werden, zeigt dieser Blick in eine fremde Kultur doch zumindest, was in Sachen Baubiologie möglich ist.

Charakterkunde

Bevor Sie sich auf dieses heikle und ausgesprochen feinfühlig zu behandelnde Gebiet begeben, sollten Sie sich einige Gesetzmäßigkeiten zu eigen machen, ohne deren Beachtung das Auspendeln von Menschen nicht möglich ist.

Zunächst einmal sollten Sie wissen, daß es auf seriöse Weise nicht möglich ist, daß Sie Ihren eigenen Charakter auspendeln. Natürlich ist es nicht so, daß jeder Mensch gleichermaßen vom Cäsarenwahn befallen ist, doch selbst Spuren von Eitelkeit, Selbstverliebtheit oder Überheblichkeit beeinflussen die Pendelausschläge in eine Richtung, der jegliche Objektivität fehlt. Und nachdem wohl jeder Mensch – selbst der demütigste und bescheidenste aller Menschen – mit diesen durchaus lebensnotwendigen Eigenschaften ausgestattet ist, sollten Sie auf ein ernsthaftes Auspendeln Ihrer eigenen Person grundsätzlich verzichten. Selbstverständlich braucht Ihnen deshalb nicht unbedingt auch eine Analyse Ihres Charakters verborgen zu bleiben: Sicherlich werden Sie im Laufe Ihrer Pendelpraxis einen Menschen kennenlernen, dessen Pendelkünsten Sie Ihr ganzes Vertrauen schenken. Diese Mutprobe, sich von einem „Kollegen“ auspendeln zu lassen, ist übrigens nur zu empfehlen, da eine solche Lesung zugleich Ihr Vertrauen in das Pendeln im allgemeinen auf eine harte Probe stellen kann. Trotzdem sollten Sie auch in diesem Fall, egal ob Sie nun überwiegend positiv oder negativ beurteilt worden sind, die Probe aufs Exempel machen lassen und mindestens noch einen weiteren Pendlerkollegen zu Rate ziehen.

Als weitere Regel sollten Sie sich zu Herzen nehmen, einen Menschen niemals in dessen Anwesenheit auszupendeln. Zwar gehört zweifelsohne ein gutes Stück Übung und Erfahrung dazu, Personen allein anhand von Fotos oder odtragenden Objekten auszupendeln, aber dennoch ist diese „Fernlesung" einfach aus dem Grund vorzuziehen, da Sie weniger zu beeinflussen sind. Bedenken Sie, daß die Beurteilung eines Menschen auf dessen Gesamtlage abzielt, die aufgrund vielleicht nur momentaner Stimmungsschwankungen zu verwirrenden Pendelausschlägen führen könnte. Insbesondere, wenn Sie einen Menschen auspendeln, den Sie noch nie gesehen haben, bietet die Lesung nach einer Vorlage ein Höchstmaß an Objektivität, da sich beim Anblick eines Menschen automatisch mehr oder weniger stichhaltige, meist auf Vorurteilen beruhende Klassifizierungen aufdrängen, die wiederum in den Pendelausschlägen Ausdruck finden.

Bei der Technik zum Auspendeln einer Person können Sie auf das inzwischen wohlbekannte mentale Pendeln mittels Alternativfragen zurückgreifen, wobei die Fragestellungen jeweils ein Maximum an Präzision fordern. Allgemeinplätze wie „Ist dieser Mensch gut?" oder „Hat dieser Mensch Charakter?" werden in der Regel nicht zu befriedigenden Resultaten führen: Hier sollten Sie sich die Mühe machen, zu differenzieren und durch gezielte Fragen klare Antworten anzustreben. Zur Hilfestellung kann die nachstehende Auflistung der wichtigsten Charaktereigenschaften dienen, die natürlich individuell zu ergänzen ist:

Tugend	Laster
Anstand	Angeberei
Aufrichtigkeit	Bösartigkeit
Ausdauer	Brutalität
Bescheidenheit	Egoismus
Dankbarkeit	Eifersucht
Demut	Eitelkeit
Ehrenhaftigkeit	Feigheit
Einfachheit	Frechheit
Geduld	Geiz
Gewissenhaftigkeit	Grausamkeit
Großzügigkeit	Heuchelei
Güte	Intoleranz
Hingabe	Kleinlichkeit
Klugheit	Leichtsinn
Loyalität	Mißtrauen
Mut	Neid
Nachgiebigkeit	Oberflächlichkeit
Naivität	Rachsucht
Respekt	Schwatzhaftigkeit
Selbstlosigkeit	Starrsinn
Sorgfalt	Stolz
Treue	Tücke
Umsicht	Treulosigkeit
Vernunft	Überheblichkeit
Verschwiegenheit	Unanständigkeit
Verständnis	Undankbarkeit
Würde	Unwahrheit

Intelligenzuhr nach Professor Mohlberg

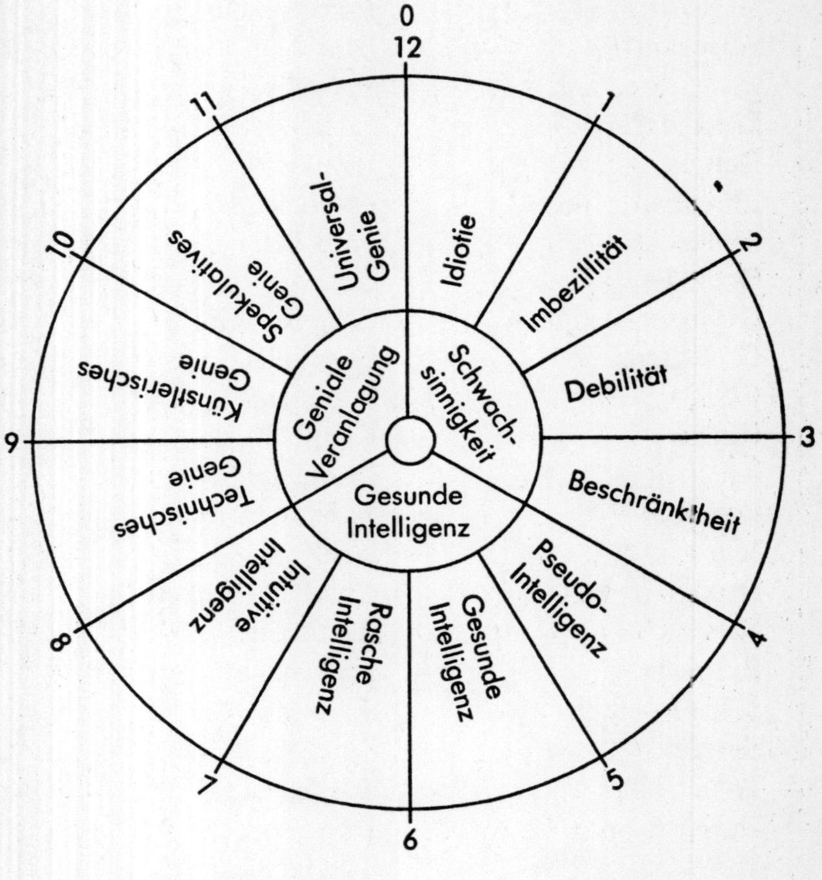

Abb. 16

Nun können Sie natürlich auch auf vorgefertigte und im Fachhandel erhältliche Diagramme zurückgreifen, deren Verwendung jedoch mit einer nicht zu unterschätzenden Schwierigkeit verknüpft ist: Wie Sie aus der abgebildeten „Intelligenzuhr“ (Abb. 16, Seite 160) nach Professor Mohlberg ersehen können, ergibt ein Pendelausschlag beispielsweise in dem Sektor zwischen 0 und 1 die Beurteilung „Idiotie“. Nachdem der Pendel jeweils aber auch zurückschwingt, sieht es auf den ersten Blick so aus, als ob Sie sich auch für den Sektor zwischen 6 und 7, also für „Rasche Intelligenz“ entscheiden könnten. Sie müssen, um nicht zu verheerenden Ergebnissen zu kommen, die Pendelschwingungen über derartigen Kreisdiagrammen sehr sorgfältig beobachten, um einen Mehrausschlag nach der gemeinten Richtung feststellen zu können. Nicht in allen Fällen schwingt der Pendel deutlich sicht- und spürbar nach nur einer Richtung aus, so daß diese Art von Diagrammen besonders für Anfänger nicht zu empfehlen sind. Weitaus praxisgerechter und unmißverständlicher sind dagegen die Halbkreis-Diagramme, wie sie beispielsweise die Schweizerische Gesellschaft für Radiästhesie (RGS) entwickelt hat, da Sie hierbei die Gegenschwingungen unberücksichtigt lassen können (Abb. 17, 18, 19, Seiten 163–165).

Für die „Intelligenzuhr“ nach Mohlberg gelten die folgenden Bewertungen, wobei interessanterweise höchste Genialität und tiefste Idiotie bei 0 beziehungsweise 12 Uhr zusammentreffen:

0–1: Idiotie. Die Intelligenz genügt nicht, um einfaches Schulwissen aufzunehmen. Der intellektuelle Defekt ist so groß, daß er vollständige soziale Unbrauchbarkeit zur Folge hat.

1– 2: *Imbezillität. Der Intellekt kommt nicht über den Stand des Schulwissens hinaus und bleibt auf der Stufe der schulkindlichen Intelligenz stehen. Soziale Brauchbarkeit: ein Zustand, der noch einigermaßen Bewegung in der menschlichen Gesellschaft und einige wenige wirkliche Leistungen erlaubt.*

2– 3: *Debilität. Der Patient bleibt in der Weiterentwicklung der Intelligenz stecken. In außerordentlich einfachen Verhältnissen findet er noch ein selbständiges Fortkommen, versagt aber, sobald Durchschnittsforderungen an ihn gestellt werden.*

3– 4: *Beschränktheit. Man spricht dabei von „höherem Blödsinn". Die Betreffenden können sich gut Schul- und Weiterbildung aneignen, aber oft nur auf beschränkten Teilgebieten, dabei kann das Verhältnis zwischen Trieb und Intelligenz gestört sein. Sozial können sie es weit bringen, machen aber gern – und oft – große Dummheiten.*

4– 5: *Pseudointelligenz. Überwiegend starkes Gedächtnis und oberflächliches Verstehen.*

5– 6: *Gesunde Intelligenz mit langsamem Verstehen („lange Leitung").*

6– 7: *Intelligenz mit raschem gründlichem Verstehen.*

7– 8: *Intuitive Intelligenz.*

8– 9: *Genie mit überwiegend technischer Begabung.*

9–10: *Genie mit überwiegend künstlerischer Begabung.*

10–11: *Genie mit überwiegend spekulativer Begabung.*

11–12: *Universalgenie.*

(nach: Georg Kirchner, Pendel und Wünschelrute. Knaur, 1. Auflage 1985, Seite 107–108)

Intelligenzdiagramm nach RGS

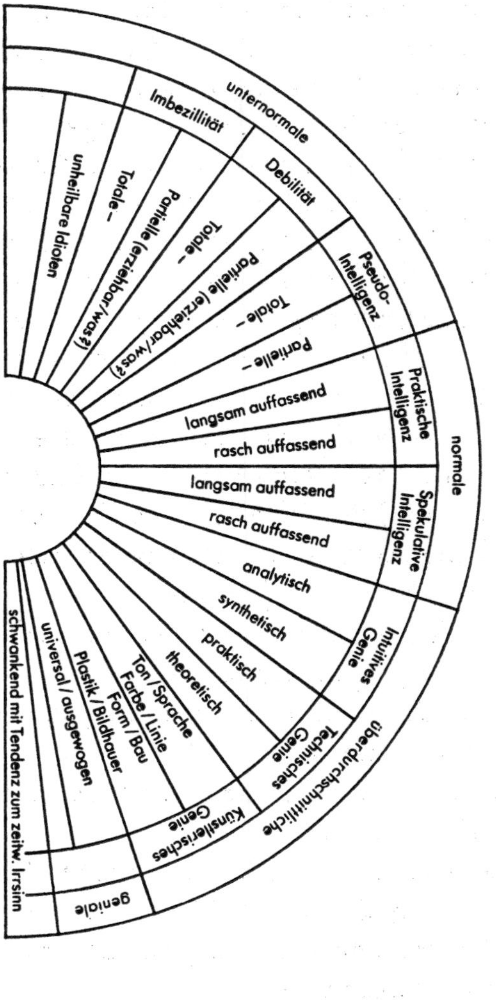

Abb. 17

Psychisches Analysediagramm nach RGS

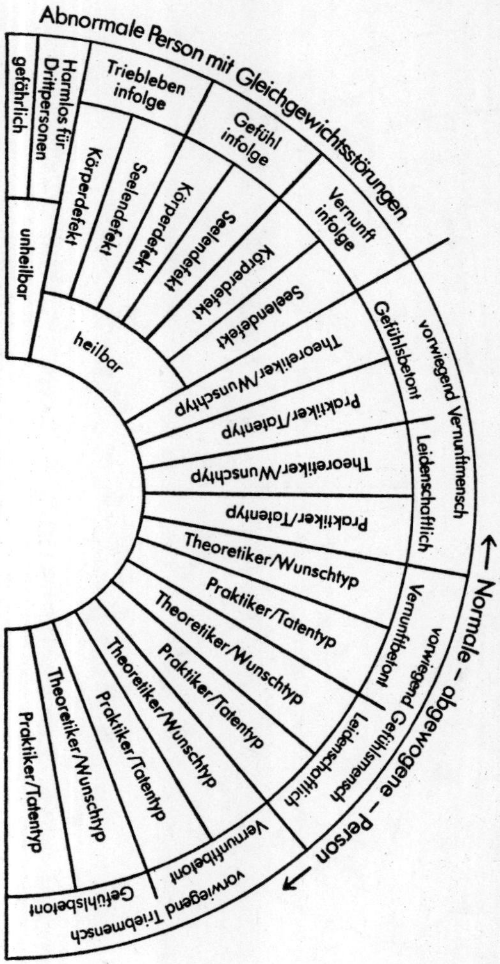

Abb. 18

Berufsberatungsdiagramm nach RGS

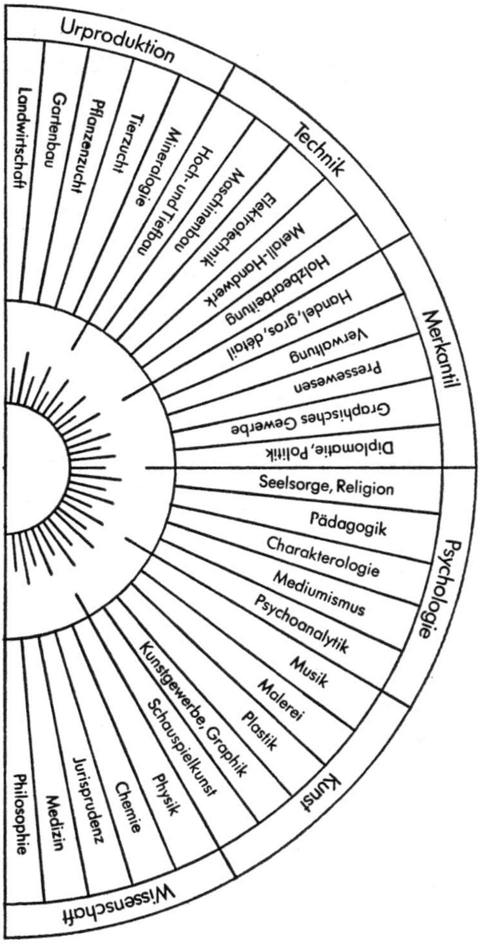

Abb. 19

Bei der Arbeit mit dieser „Intelligenzuhr" müssen Sie natürlich berücksichtigen, daß es sich bei den genannten Klassifizierungen um Grenzfälle des täglichen Lebens handelt, die in ihrer Reinform nur ausgesprochen selten anzutreffen sind. So mag dieses Diagramm allenfalls als grobe Orientierung dienen, wobei Sie, um eine Aussage zu treffen, höchste Vorsicht walten lassen und Ihre Ergebnisse durch mehrere Proben – eventuell auch mit Hilfe einer anderen Methode – festigen sollten.

Ein weiteres Verfahren, das ebenfalls mit Hilfe einer Karte realisiert wird, stellt die Methode Isidore Friedmans dar, die nicht auf die Feststellung einzelner Charaktermerkmale ausgerichtet ist, sondern mehr auf das allgemeine Gleichgewicht der menschlichen Psyche. Sein Gedankengang gründet sich auf das Spezialistentum der Menschheit, das nicht nur im Berufsleben zu finden ist, sondern auch im Innenleben des jeweiligen Menschen. Sicher kennen auch Sie Menschen, die zwar im Beruf außerordentlich erfolgreich, privat aber auf der ganzen Linie vom Pech verfolgt sind. Andere wiederum erfreuen sich größter sozialer Beliebtheit, aber außerstande, Ihren Lebensunterhalt selbst zu verdienen. Friedman nennt fünf Gebiete, die, um eine Balance des Lebens zu gewährleisten, in gleichen Maßen verteilt sein sollten:

körperliche Aspekte:
Nahrung, Kleidung, gute Gesundheit, Sport

mentale Aspekte:
intellektuelle Fähigkeiten, mentale Interessen, die Fähigkeit zu Kontakten und Interessenteilung

Fünfzack nach Friedman

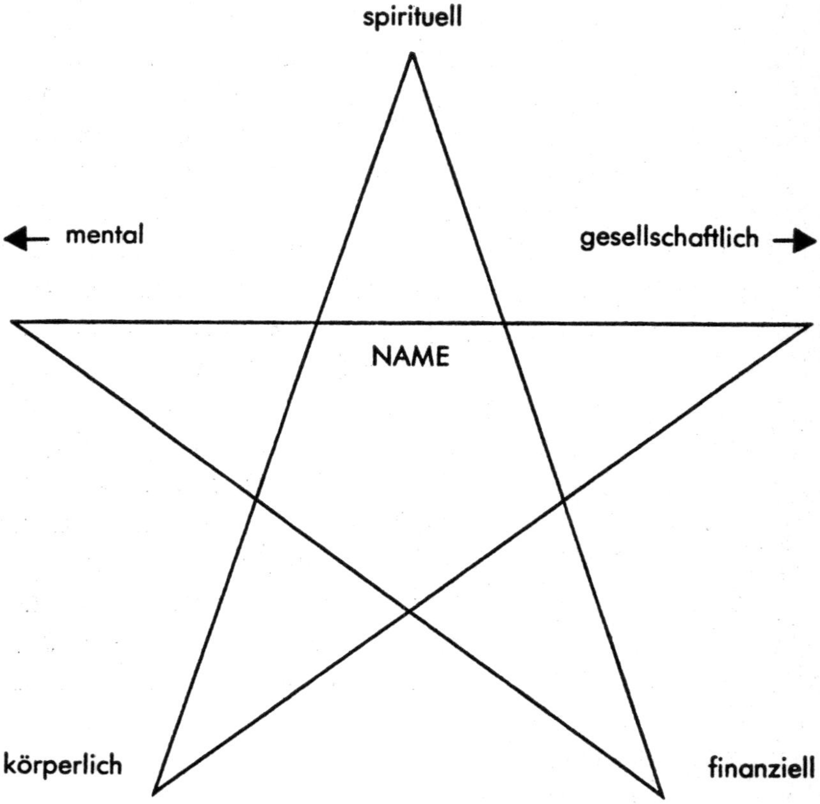

Abb. 20

finanzielle Aspekte:
Karriere, genug Geld zu verdienen, um gesund und behaglich leben zu können, und zwar Geld mit dem zu verdienen, was man gerne tut

soziale Aspekte:
Freunde, Beziehungen zu Leuten der eigenen Art, Liebe, das Gefühl, verstanden zu werden

spirituelle Aspekte:
Suche nach Sinn und Zweck des Lebens, inneres Wachstum
(nach: Greg Nielsen/Joseph Polansky, Die Magie des Pendels. Heyne 1986, Seite 116)

Der Fünfzack nach Friedman mag den Vorteil haben, daß die Richtung des Pendelausschlags eindeutig einem Bereich zuzuordnen ist, und auch die Kriterien zur Beurteilung scheinen auf den ersten Blick umfassend zu sein. Bei näherer Betrachtung jedoch kann auch diese Methode weiteren differenzierteren Prüfungen nur vorausgehen, da beispielsweise bei dem finanziellen Aspekt kein Hinweis zu finden ist, ob das Geld mit ehrlichen Mitteln oder mit Betrügereien verdient wird – ein Umstand, der je nach Zweck der Untersuchung ausgesprochen wichtig sein kann.

Der richtige Partner

Bundesrepublik Deutschland, 1992:

Eheschließungen:	*453 428*
Geschiedene Ehen:	*135 010*
davon Antragsteller	
– Mann:	*46 337*
– Frau:	*78 917*
– beide:	*9 756*

(Quelle: Statistisches Jahrbuch 1994, Hrsg.: Statistisches Bundesamt)

Sie könnten jetzt mit dem Lieblingsargument der Zweifler anführen, daß es sich hierbei lediglich um abstrakte Zahlen handelt und daß es in der Praxis ganz anders aussähe. Doch selbst wenn in Ihrem Bekanntenkreis alle Ehen „gut gehen", sollten Sie nicht darüber hinwegsehen, weshalb sie so „gut gehen". Die meisten Ehen werden nach einer Dauer von 16 bis 25 Jahren geschieden, was eindeutig den Schluß zuläßt, daß man sich halt zusammenrauft, bis die Kinder halbwegs flügge geworden sind. Dauert die Ehe über 25 Jahre an, so sinkt die Scheidungsrate wieder beträchtlich, so daß man eigentlich nur diejenigen Ehen, die diese 25 Jahre überdauern, als wirklich gut bezeichnen kann.

Liebe, das einander in seiner Existenz wechselseitig anerkennende, ja fördernde Streben zueinander. In diesem allgemeinen Sinne gilt die Liebe im altindischen Veda und in der altgriechischen Philosophie (Hesiod, Empedokles) als kosmi-

sches Prinzip, durch das das Weltall in der auseinanderstrebenden Fülle seiner Kräfte und Gestalten gebändigt und geeinigt wird. Als menschliche Liebe einerseits das leiblich-seelische Prinzip der Geschlechtlichkeit (Erotik), andererseits das seelisch-geistige Prinzip der von jedem Besitzwillen freien „platonischen Liebe" ...

...Verdrängte Liebe kann nach der Tiefenpsychologie in ihr Gegenteil, in Haß umschlagen, zu einer bis zur Leidenschaft gesteigerten Abneigung. Haß und Liebe sind für Empedokles die bewirkenden Kräfte der Weltenentwicklung.

(Philosophisches Wörterbuch, begründet von Heinrich Schmidt. Kröner Verlag, 17. Auflage 1965, Seite 355–356)

Hehre Worte, die zum Nachdenken anregen können, wenn man sich bewußt wird, welche Momente heutzutage in eine Partnerschaft mit einfließen. In einer Zeit, in der zumeist erst dann geheiratet wird und Kinder in die Welt gesetzt werden, wenn entweder der Verdienst stimmt oder die Frau „endlich zuschlagen muß", weil sie von der „Panik der Dreißigjährigen" ergriffen wird, könnte es auf den ersten Blick so aussehen, daß die Liebe hier eigentlich nichts zu suchen hat. Auf der anderen Seite muß ja irgendwann einmal alles angefangen haben: die gegenseitige Sympathie, die erste Verliebtheit und all die Ereignisse, die sowohl mit positiven als auch negativen Gefühlsausbrüchen einhergingen. Doch weshalb werden diese Emotionskurven mit den Jahren immer flacher? Ist es die berühmte „Gewohnheit", oder liegt der Grund darin, daß man mit dem falschen Partner zusammenlebt? Weshalb gibt es Ehepaare, die sich selbst nach mehreren Jahrzehnten noch genauso lieben wie in der ersten Woche?

Nun, wenn die Antwort auf diese Fragen so einfach zu geben wäre, gäbe es keine Ehescheidungen mehr und dafür nur noch zeitlebens glückliche Paare. Gerade deshalb aber, weil dieses Problem mit Hilfe wissenschaftlicher Methoden nicht zu bewältigen ist, könnte der Pendel hier Dienste leisten, mit denen herkömmliche Untersuchungen und Analysen der Psychologie nicht konkurrieren können. Sind Ihnen bei der Definition des Begriffs Liebe die Worte „kosmisches Prinzip" und „Kräfte" aufgefallen – Worte, die immer wieder im Zusammenhang mit dem Pendeln verwendet werden?

Alle Pendelforscher sind sich darüber einig, daß mit Hilfe des Pendels der richtige Partner gefunden werden beziehungsweise festgestellt werden kann, ob zwei Menschen zusammenpassen oder nicht. Zwar ist der Pendler mit dem mittlerweile bekannten Problem der Selbstbeeinflussung konfrontiert, wenn es darum geht, seine eigene Beziehung auszupendeln, doch besteht ja für diesen Fall die Möglichkeit, einen Pendlerkollegen zu Rate zu ziehen. Wollen Sie die Verträglichkeit zweier Menschen untersuchen, so haben Sie prinzipiell zwei Methoden zur Wahl: Zum einen können Sie mit Hilfe des mentalen Pendelns die zwei entsprechenden, unter dem Pendel liegenden Namen prüfen. Zum anderen, und diese Methode ist wegen der körperlich ins Spiel gebrachten Aura zu bevorzugen, können Sie über den Händen der Partner pendeln, die mit zueinandergekehrten Daumen sehr nahe beieinanderliegen sollten, ohne sich jedoch zu berühren.

Am besten ist es natürlich, jeweils beide Methoden anzuwenden, wobei Sie erst die Untersuchung über den Namenszetteln und anschließend die Untersuchung über den Händen vornehmen sollten. Testen Sie Ihren Bekanntenkreis aus oder auch Paare des öffentlichen Lebens, doch bewahren Sie sich so viel Taktgefühl, niemanden mit Ihren Ergebnissen zu konfrontieren, wenn Sie nicht darum gebeten werden. Und bedenken Sie – falls Sie vorhaben, das Pendeln zur Erwerbsquelle zu machen –, daß sogenannte Ehemakler oder auch Heiratsvermittler verpflichtet sind, ein Gewerbe anzumelden.

Handschriften

Sehen Sie, was der Pendelforscher Friedrich Kallenberg in seinem 1913 veröffentlichten Buch „Offenbarungen des siderischen Pendels“ zum Thema Graphologie und Pendel sagt, hier wiedergegeben als Zitate in einem Text des berühmten Schweizer Pendlers und Graphologen Joseph Seiler.

Die Schwingungen des siderischen Pendels über der Handschrift, mag sie noch so alten Datums sein ... bezeugen 1. das Geschlecht, 2. gesunde oder krankhafte Veranlagung, 3. Temperament und 4. Erregungszustand im Moment der Aufnahme. – Der Kreis = männlich, die Ellipse = weiblich. Dies sei zugleich das absolut sichere Anzeichen der gesunden Veranlagung in geistiger und körperlicher Beziehung. Figuren oder Pendelbahnen, welche von diesen elementaren Grundformen abweichen, deuten hingegen auf anormale Eigenschaften hin. Pendelschwingungen über den Handschriften abnorm veranlagter Menschen verursachen dem Experimentator physische Schmerzen oder Unbehagen. – Es gebe zahllose Übergangsformen zwischen Kreis und Ellipse, die in ihrer Bedeutung zum überwiegenden Teile noch der Erklärung bedürfen... Mit besonderem Nachdruck weise der Pendelgang auf die sexuelle Veranlagung, auf Prostitution oder Homosexualität hin, welche er durch abnorme Linienführung kennzeichne. Jedoch sei Feststellungen dieser Art strengste Gewissenhaftigkeit geboten!

Komplizierte Veranlagung werde verraten durch lange andauernden Stillstand des Pendels oder des Rings, sowie durch Schmerzen beim Experimentieren.

Nachdem Kallenberg von den unermeßlichen Möglichkeiten des siderischen Pendels gesprochen hat, folgt die weise Einschränkung: Gewisse Seiten des menschlichen Wesens faßt er (der Pendel) rücksichtslos, eindringlich an ..., gewiß, er ist kein vollkommener Charakterdarsteller! Dann warnt der Autor noch vor leichtfertigem Beurteilen der Pendelbahnen, vor Beunruhigungsstiftern und willkürlichem Hinübergreifen in das Gebiet der Charakterdeutung und fügt, obschon er von der Brauchbarkeit des Pendels als diagnostischem Hilfsmittel überzeugt ist, hinzu: Die Diagnose innerer Leiden ... muß dem Berufsarzt überlassen werden.
(nach: Joseph Seiler, Mit Wünschelrute und Pendel zu den faszinierendsten Entdeckungen. Corona Verlag, 6. Auflage 1984, Seite 166–167)

Interessant bei diesem Text ist nicht nur die Aussage Kallenbergs, sondern auch die mit zynischen Momenten durchsetzte Art des Schweizer Pendlers und Graphologen, mit der er sich diesem Text nähert. Dieses „Zitat eines Zitats“ steht stellvertretend für die Situation des Pendler-Schrifttums und findet seine Ursache in dem Punkt, daß das Pendeln einfach eine vollkommen individuelle Angelegenheit ist, die nicht pauschaliert weitergegeben werden kann. Bei Kallenberg sind es Kreise und Ellipsen, die eine männliche und weibliche beziehungsweise positive und negative Antwort geben, bei Ihnen vielleicht horizontale und vertikale Strichungen oder Kreisungen im und gegen den Uhrzeigersinn.

Vielleicht haben Sie sich die Frage gestellt, weshalb man über Handschriften überhaupt noch pendeln soll, da man aus ihnen ja mit Hilfe der Graphologie ausreichend lesen kann.

Ein kleines Beispiel aus der jüngeren Geschichte beweist, daß der Pendel durchaus eine Stufe über dem graphologischen Gutachten seinen Platz findet:

Eine Million Mark kassierte 1969 der amerikanische Schriftsteller Clifford Irving bei einem der angesehensten Großverlage New Yorks für die angeblichen Memoiren des Multimillionärs Howard Hughes. Das Geschäft kam zustande, nachdem der Verleger von Irving ein Beglaubigungsschreiben erhalten hatte, in dem Hughes erklärte, daß der Autor handlungsbevollmächtigt sei, und er dieses Schreiben von zwei namhaften Graphologen hatte prüfen lassen. Das Projekt platzte, nachdem sich das Buch und später auch das handschriftliche Beglaubigungsschreiben von Howard Hughes als Fälschungen erwiesen hatten, doch es hätte gar nicht erst zustandekommen müssen: Der zuständige Lektor hatte nämlich das Schreiben auspendeln lassen und als Fälschung erkannt – nur traute er sich wegen der Gutachten der angesehenen Graphologen nicht, seine Entdeckung weiterzuleiten.

Nun, auch wenn Sie nicht berufsmäßig Kriminalist spielen müssen, kann Ihnen das Pendeln über Handschriften nützlich sein – nämlich dann, wenn Sie nichts von der Graphologie verstehen. Probieren Sie zunächst einmal, über Schriftproben Ihres Bekanntenkreises zu pendeln und auf diese Weise Ihre Signale für die verschiedenen Kriterien Ihres Interesses zu justieren. Versuchen Sie, eindeutige Antworten für das Alter, den gesundheitlichen Zustand und die Charakterlage festzustellen, wobei Sie auf die Ihnen bekannten Methoden zurückgreifen. Natürlich können Sie auch, bei weitgehenden Übereinstimmungen, darangehen, Karten anzufertigen, wobei

Sie jedoch immer den Umstand bedenken sollten, daß ein privater Brief fast immer eine ziemlich emotionale Angelegenheit ist. Der jeweilige Erregungszustand mag eine Schrift älter oder auch jünger machen, als sie dem Alter des Schreibers tatsächlich entspricht – und ebenso mag es sich mit dem Gesundheitszustand oder der Charakterlage verhalten. Trotz dieser eventuell verfälschenden Aspekte sollten Sie im Rahmen Ihrer Übungen zumindest versuchen, zu einem Ergebnis zu kommen. Dies kann natürlich auch so aussehen, daß Sie beim Pendeln über Handschriften zu keinen befriedigenden Ergebnissen kommen – in diesem Fall sollten Sie das graphologische Pendeln zurückstellen und zu einem späteren Zeitpunkt wiederholen.

Als Trost – für den Fall, daß Sie hier erfolglos geblieben sind – sei gesagt, daß das Pendeln über Handschriften eben wegen der ausschlagablenkenden momentanen Temperamentslage zum Zeitpunkt des Schreibens zu den schwierigsten Gebieten im Bereich des Pendelns überhaupt gehört. Um wieviel einfacher dagegen ist das Pendeln über „toten“ Landkarten oder Plänen – doch darüber werden Sie später lesen.

Gehirn im Zwiespalt

Für den Fall, daß Sie linkshändig pendeln oder linkshändig pendeln wollen, dürften folgende Informationen Sie interessieren. Zunächst Physiologisches im Kurztext: Das Gehirn von Wirbeltieren hat einen zweiseitig symmetrischen Aufbau. Die Strukturen der einen Hirnhälfte sind auch in der gegenüberliegenden Hirnhälfte vorhanden und umgekehrt. Dieser anatomischen Symmetrie entspricht auch eine funktionelle; dabei kontrolliert die linke Hirnhälfte die rechte Körperseite und die rechte Hirnhälfte die linke Körperseite. Die Koordination zwischen den Hirnhälften gewährleisten Querverbindungen.

Zwei Hirnhälften – zwei Hände. Platon beispielsweise forderte in „Der Staat“ die Entwicklung beider Hände; in vielen älteren Werken finden sich dementsprechende Forderungen und Berichte. Auch Lépine (1876), der auf das unterschiedliche Verhalten beider Gehirnhälften bei Erkrankungen der rechten und linken dritten vorderen Gehirnwindung hinwies, meint, daß wir eigentlich links-gehirnig orientiert sein müssen, weil wir von Natur aus rechtshändig sind. Gerling (1918) machte sich für eine Gymnastik stark, welche die Muskulatur der linken Körperhälfte trainiert – unter Zuwendung der vollen geistigen Aufmerksamkeit auf die jeweils arbeitenden Muskelgruppen.

Allgemein ausgedrückt ist die linke Hirnhälfte auf den sprachlichen Ausdruck sowie auf feine gedankliche Details spezialisiert, das heißt, sie arbeitet analytisch und fortlaufend. Sie kann auch arithmetische Funktionen ausführen, logisch denken und durch Detailanalysen geradlinige Beziehungen zwischen Ursache und Wirkung erkennen.

Als Folge unseres linkslastigen, isolierten und kurzfristigen Denkens kann man nahezu die gesamte heutige Problematik unseres Daseins sehen – inklusive der Umweltkatastrophen und Kriege. Denken Sie daran, wenn Sie beim Pendeln die Ungeduld packt und sich nicht alle Probleme sofort lösen lassen – mit Gewalt geht gar nichts.

Nun der Blick auf die andere Seite: Die rechte Hirnhälfte übt zusammensetzende Funktionen aus – sie ist auf bildhafte, ganzheitliche Wahrnehmung eingespielt. Sie hat fast keine sprachlichen, dafür aber musikalische Möglichkeiten. Musik entsteht ja durch eine Abfolge verschiedener Töne. Unser Sinn für Musik läßt uns aus den Einzeltönen eine zusammenhängend erklingende Melodie wahrnehmen. Die rechte Hemisphäre denkt also nicht abstrakt, sondern verbindend und intuitiv. Durch Zusammenfassen von Einzelinformationen zu Bildern und Symbolen gelangt sie zu einem ganzheitlichen Denken. Dadurch kann sie komplexe Zusammenhänge und wechselseitige Ursachen besser erfassen als die auf Detailanalyse ausgerichtete linke Hemisphäre. Für die harmonische Entwicklung und die Selbstverwirklichung des Menschen müssen sich die Funktionen beider Hirnhälften ergänzen.

Die heutige Überbetonung des Intellekts und des technisch-wissenschaftlichen Fortschrittsdenkens könnte dadurch korrigiert werden, daß wir insbesondere in der Schule versuchen, bei den Kindern die vernachlässigten Funktionen der rechten Hirnhemisphäre zu fördern. Dies könnte etwa dadurch geschehen, daß wir dem bildhaften und symbolischen Reichtum unserer Sprache größere Beachtung schenken.

Eine weitere wichtige Rolle zur Entwicklung und zum Training der rechtshemisphärischen Hirnfunktionen spielt auch der Sport – insbesondere die Disziplinen, die ein gutes räumliches Vorstellungsvermögen erfordern. Dazu gehören beispielsweise Fußball und andere Ballspiele, aber auch spielerische Gymnastik und Ausdruckstanz.

In Japan wird z. B. jedes Kind dazu angehalten, alle Verrichtungen der rechten Hand auch mit der linken zu üben. Die geistige Regsamkeit und Ausdauer der Japaner ist hinlänglich bekannt, und daran zeigt sich, daß es eben kaum Ermüdung für denjenigen gibt, dessen rechte Hirnhälfte jederzeit zur Unterstützung und Entlastung der linken herangezogen werden kann. Seltsam nur, daß die europäischen „Kulturvölker" diese physiologische Selbstverständlichkeit noch nie genutzt haben.

Dieses Kapitel sollte die Gefahr aufzeigen, daß menschengerechte Systeme zunehmend durch technische Hilfsmittel, die meist linkshemisphärisches Denken repräsentieren, verdrängt werden. Vielleicht setzen Sie für sich selbst einen Akzent und gewöhnen sich von Beginn an das Pendeln mit beiden Händen an.

Fotografien

Das Auspendeln von Fotografien – vornehmlich von Personenabbildungen – stellt einen Bereich dar, dem sich die Pendelforschung erst allmählich nähert. Ob diese Vernachlässigung damit zu tun hat, daß das naturgetreue Abbild eines lebenden Menschen an sich schon Respekt einflößt und für technische Laien wie ein Wunder anmuten muß? Jeder kennt die Scheu der sogenannten primitiven Völker, deren Angehörige sich standhaft weigern, wenn es darum geht, fotografiert zu werden, da es ihnen einfach unheimlich ist, sich unversehens auf einem Stück Papier wiederzufinden. Aufmerksam sollte auch der Umstand machen, daß dieses Verhalten gerade bei solchen ethnischen Gruppen beobachtet werden kann, die sich mit traumwandlerischer Sicherheit auf okkulten und magischen Gebieten bewegen.

Eine Kamera ist im Prinzip ein lichtdichter Kasten mit einer Öffnung, durch die für bestimmte Zeit Licht eindringt und ein Bild auf der lichtempfindlichen Schicht des Films bewirkt. Dieses Muster der Lochkamera (camera obscura = dunkle Kammer, vgl. Abb. 21, Seite 181, wurde erstmals von dem Universalgenie Leonardo da Vinci (1452–1519) entdeckt, der das Phänomen der seitenverkehrten, auf dem Kopf stehenden Abbildung eines Originals beschrieb.

Fotografieren bedeutet schreiben oder zeichnen mit Hilfe des Lichtes, das sich mit einer Geschwindigkeit von 300 000 Kilometern pro Sekunde (Schall 333 Meter pro Sekunde) geradlinig bewegt. Elektromagnetische Wellen, die von unserem Auge registriert und als Licht empfunden werden,

Lochkamera

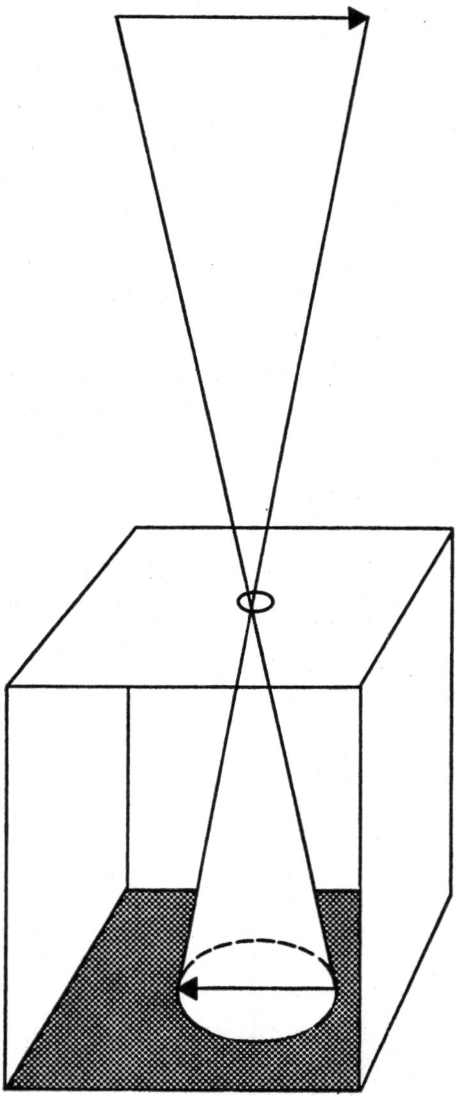

Abb. 21

transportieren das Abbild eines Gegenstandes oder eines Menschen auf einen mit Chemikalien versetzten Zelluloidstreifen.

Wie der bereits erwähnte Pendelforscher Friedrich Kallenberg Anfang dieses Jahrhunderts entdeckte, daß die Fotografie ebenso wie das Original von einer Aura umgeben ist, zeigt die folgende kleine Passage:

Es war zu fortgeschrittener Stunde in einer sommerwarmen Frühlingsnacht. Der Schein meiner Studierlampe leuchtete über einer Menge von Dingen aller Art, welche dem siderischen Pendel dies und jenes von ihrem innersten Wesen erzählten, und ich selbst hatte, noch mit dem bescheidenen Instrument bewaffnet, einige Augenblicke gerastet, um darüber nachzudenken, was wohl jetzt an die Reihe kommen sollte. Zu meiner Rechten lag das fotografische Bildnis meiner jüngst verstorbenen Frau. Mechanisch – ohne mich irgendeiner Erwartung hinzugeben – griff ich nach ihm, und ließ den Pendel über ihm ruhen. Und siehe: das Wunder geschah! Das „Wunder“, welches, nachdem ich und andere es einmal zu Recht als bestehend erkannt hatten, wenige Wochen später alle Welt in Aufregung und höchste Spannung versetzte, die Entdeckung, daß das fotografische Bildnis, sei es im Negativ, sei es im Positiv, kein toter Abklatsch, sondern ein lebensvoller Reflex der betreffenden Persönlichkeit ist! Der Pendel schwang in schmaler, weit ausholender Ellipse von Norden nach Süden über der Fotografie meiner Frau!
(nach: Georg Kirchner, Pendel und Wünschelrute. Knaur 1985, Seite 127)

Interessant ist bei dieser etwas pathetischen Schilderung nicht nur das Wesentliche, daß nämlich Fotografien mit einer Aura ausgestattet sind, sondern auch die Art und Weise, wie Kallenberg zu seiner Entdeckung kam: Er wußte nicht, was er tun sollte, und spielte – die Entdeckung fiel ihm „zufällig" in den Schoß. Ein freimütiges Geständnis, das die Frage in den Raum stellt, wie viele aller großen Entdeckungen auf diese Art gemacht wurden, jedoch in Anbetracht des zu schmälernden Ruhmes fleißiger Forschungsarbeit untergeschoben wurden.

Obwohl sich Kallenberg und nach ihm noch andere Forscher dem Thema ausgiebig zuwandten, kann bis heute nicht erklärt werden, welchen Gesetzmäßigkeiten dieses Phänomen folgt, so daß nach wie vor einige vage Aussagen zu erklären versuchen, weshalb der Pendel über Fotografien schwingt – und zwar mit ebensolchen Ausschlägen wie über dem Original. Es wird hier angeführt, daß das Foto der elektromagnetische Reflex der Wesenheit des Originals ist, der sich als kreisende Ionenbahnen offenbare, in deren Schwingungen dann wiederum der Pendel eintrete.

Nun, diese Erklärungen sind überflüssig, da sie eher verwirren als das Phänomen erhellen. Doch ein den Lichtwellen verwandter Bereich – der der Schallwellen – kann hier durchaus Aufhellung bringen: Stehen beispielsweise zwei gleichgestimmte Klaviere in nebeneinanderliegenden Räumen und wird auf dem einen Klavier ein Ton angeschlagen, so gerät durch einen Resonanzeffekt die entsprechende Saite des anderen Klaviers automatisch in Schwingung.

Es mag sein, daß es sich bei der Aura von fotografischen Aufnahmen ebenso verhält, doch letztendlich ist es müßig, nach möglichst eingängigen Erklärungen dafür zu suchen, daß der Pendel über fotografischen Negativen oder auch Positiven in Schwingung gerät – versuchen Sie das Phänomen der Ausschläge hinzunehmen, ohne mit Gewalt nach einer Vernunftslösung zu forschen.

Auch hierbei werden Sie bei Ihren eigenen Experimenten zunächst daran gehen müssen, die Antworten des Pendels individuell einzurichten. Dazu nehmen Sie am besten ein Foto einer Person her, die Sie sehr gut kennen, und justieren beispielsweise Ihre Fragen nach dem Geschlecht, dem Alter oder nach anderen persönlichen Merkmalen ein, bis Sie – gestärkt durch die Probe mit anderen Fotos – eindeutige Ausschläge als eindeutige Antworten feststellen können. Als nächsten Schritt legen Sie mehrere Fotografien von Ihnen bekannten Personen in eine Schachtel, nehmen mit geschlossenen Augen ein Bild heraus und bedecken es mit einem Blatt Papier, das dick genug sein sollte, um das Foto für Sie unkenntlich zu machen. Jetzt stellen Sie Ihre Fragen über die abgebildete Person und verfahren ebenso mit den anderen Bildern, wobei Sie nach jeder Lesung überprüfen, ob Ihnen der Pendel die Wahrheit gesagt hat.

Weitere interessante Ergebnisse können Sie erhalten, wenn Sie nacheinander die Handschrift und das Foto ein und derselben Person auspendeln. Möglicherweise werden Sie über der Handschrift andere Antwortzeichen erhalten als über dem Foto. Lassen Sie sich dadurch nicht verwirren, der Grund liegt darin, daß Sie die Antworten Ihres Pendels über jedem Objekt oder Medium gesondert justieren müssen. Nochmals sei in diesem Zusammenhang darauf hingewiesen, daß deshalb die auf den ersten Blick so einfach zu handhabenden, käuflich erwerbbaren Pendelkarten und Diagramme in der Regel nicht zu empfehlen sind. Wenn Sie über verschiedenen Objektgruppen pendeln, wird es sich mit der Zeit nicht vermeiden lassen, daß sich Ihre Aufzeichnungen über die verschiedenen Justierungen anhäufen, so daß Sie der Einfachheit und der Übersicht halber automatisch dazu übergehen werden, eigene Diagramme oder Karten anzufertigen. Diese Unterlagen dagegen sind für Sie von bleibendem Wert und haben den Vorteil, daß damit ausschließlich Sie selbst arbeiten können – sollten sie also in fremde Hände gelangen, können sie wenig Schaden anrichten.

Noch ein Tip, der Ihnen über anfängliche Schwierigkeiten beim Pendeln über Fotografien hinweghelfen kann: Verwenden Sie bei Ihren ersten Übungen Fotos, auf denen die abgebildeten Personen den Betrachter direkt anblicken – der unmittelbare Augenkontakt erhöht die Konzentration und vergrößert somit die „Öffnung“, durch die die „große Kraft“ in Sie und damit in Ihren Pendel eindringen kann.

Ortsbestimmungen

Bevor Sie damit beginnen, in der freien Natur nach Wasser, Erzen oder anderen Objekten zu suchen, sollten Sie sich die Grundbegriffe zur Bestimmung eines gesuchten Ortes nach Lage und Richtung aneignen. Für Ihre entsprechenden praktischen Übungen wäre ein Grundstück mit einem unterirdischen Wasserlauf oder einer Wasserleitung optimal, dessen Verlauf Sie anhand eines Plans überprüfen können. Doch auch wenn Sie nicht über solche Arbeitsbedingungen verfügen sollten, können Sie sich ein Trainingsfeld präparieren, indem Sie bestimmte Objekte einfach an verschiedenen Stellen in der Erde vergraben. Um eine möglichst genaue Skizze anfertigen zu können, sollten Sie die Eingrabungen an eindeutig definierbaren Stellen vornehmen, wozu Sie sich auch eines Kompasses bedienen können. Diese Skizze können Sie später, wenn es um das Auspendeln von Landkarten und Plänen geht, ebenso benutzen, so daß Sie sich die Arbeit nur einmal zu machen brauchen. Achten Sie beim Zeichnen Ihrer Skizze wirklich auf äußerste Exaktheit – 20 Schritte in Richtung Straße und dann 10 Schritte nach rechts beispielsweise sind alles andere als exakt. Falls Sie mit einem Kompaß nicht umgehen können, können Sie diese Genauigkeit auch mittels Schnittpunkten herstellen.

Haben Sie die „Ostereier“ gut versteckt und einen entsprechenden Plan angelegt, können Sie sich daranmachen, von einer beliebigen Position aus die Suche zu beginnen. Dabei gehen Sie nach der logischen Methode vor, zunächst einmal die grobe Richtung festzustellen, um dann immer mehr

Mit dem freien Arm die Richtung orten

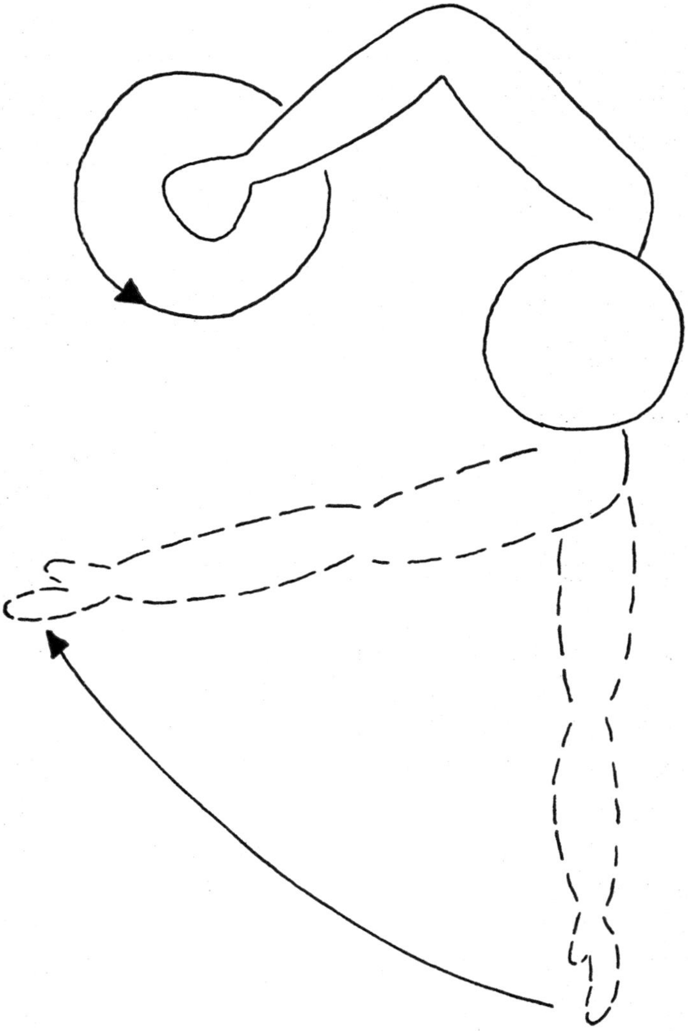

Abb. 22

eingrenzend auf die exakte Stelle zu stoßen. Wichtig ist bei allen nun folgenden Techniken, daß Sie Ihren Pendel auf das programmieren, was Sie vorhaben. Hierzu können Sie nicht nur nach der bekannten Fragen-Methode vorgehen, indem Sie beispielsweise Ihren Pendel fragen „Liegt das Objekt von mir aus gesehen im Norden?“, sondern Sie haben nun auch die Möglichkeit, allgemein zu fragen – beispielsweise „In welcher Richtung liegt das Objekt?“ Bei der zweiten Methode benötigen Sie einen Richtungsanzeiger, da Ihnen der Pendel natürlich nicht verbal erklären kann, wo Sie Ihr Objekt finden. Nehmen Sie also Ihren Pendel in die rechte oder linke Hand, justieren Sie ihn auf eine Ihrer Person zugeordnete Länge, und versetzen Sie ihn in eine aussagelose, neutrale Schwingung. Jetzt strecken Sie den freien Arm seitlich aus und bewegen ihn im Zeitlupentempo halbkreisförmig um Ihren Körper, wobei Sie Ihrem Pendel immer wieder die Frage stellen „In welcher Richtung liegt mein gesuchtes Objekt?“ (vgl. Abb. 22, Seite 187)

Sie werden die Antwort deutlich verspüren, denn der Pendel verändert schlagartig seinen Ausschlag, wenn Ihr Arm in Richtung der versteckten Sache deutet. Nun wissen Sie zwar die Richtung Ihres Verstecks, doch wissen Sie noch nicht, in welcher Entfernung es sich befindet. Um diese festzustellen, verändern Sie – nachdem Sie die herausgefundene Richtung auf einem Blatt Papier festgehalten haben – einfach Ihre Position. Nachdem Sie auch von dort aus die Richtung geortet haben, ergibt sich aus dem Schnittpunkt Ihrer zwei eingezeichneten Linien die Fundstelle.

Da es gerade für in Vermessungssachen ungeübte Personen schwierig ist, eine Position auf dem Plan in der Wirklichkeit zu

Punkt-Abtastung des Geländes

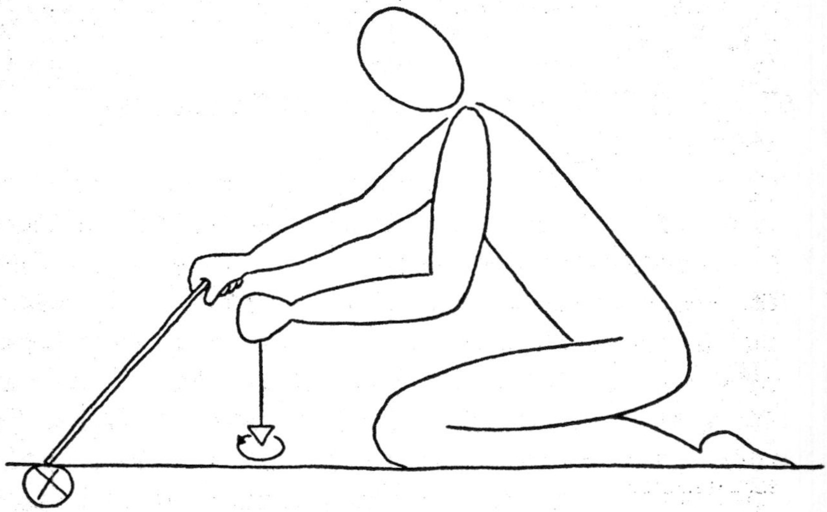

Abb. 23

finden, müssen Sie möglicherweise zu Anfang etwas langsamer vorgehen und die Fundstelle zur Sicherheit noch von einer dritten Position aus anpeilen. Haben Sie sich mit Hilfe der eingrenzenden Richtungsbestimmung auf eine kleine Fläche vorgekämpft, innerhalb der das Versteck liegen könnte, müssen Sie nun mittels einer feineren Methode die genaue Lage orten.

Eine Möglichkeit wäre, die Fläche langsam abzuschreiten, wobei Sie immer einen Fuß nur wenig vor den anderen setzen, damit die Fußspitzen als Zeiger dienen. Doch besteht beim Umhergehen – besonders, wenn Sie einen leichten Pendel benutzen – die ständige Gefahr der mechanischen Beeinflussung der Pendelausschläge, so daß Sie hier zu falschen Ergebnissen kommen könnten. Die sicherere Methode besteht darin, das in Frage kommende Feld mit einem Stock abzutasten, mit dessen Hilfe Sie nach ein wenig Übung bis auf wenige Zentimeter genau die Umrisse des vergrabenen Objekts feststellen können (vgl. Abb. 23, Seite 189).

Müssen Sie jedoch mit dem Pendel in der Hand umhergehen, weil Sie beispielsweise eine Spur verfolgen, dann sollten Sie auf jeden Fall einen schweren Geländependel benutzen, dessen Körper über 200 Gramm wiegen und dessen Faden die entsprechende Länge aufweisen sollte. Wichtig ist hierbei auch, daß Sie sich, um die Pendelausschläge harmonisch zu halten, gleichmäßig und geschmeidig bewegen – in etwa wie eine Katze, die sich an ein Beutestück anschleicht. Die Richtung der Spur wird in diesem Fall direkt von der Pendelschwingung bestimmt, die sich je nach dem Verlauf ändert. Rechnen Sie auch damit, insbesondere wenn Sie eine unterirdische Wasserader verfolgen, daß sich die Spur verzweigen kann, so daß Sie sich entweder intuitiv für eine Richtung entscheiden müssen oder aber nacheinander – nach Markierung des Gabelpunktes – beiden Spuren folgen.

Erfolge machen bekanntlich Mut – aber damit Sie Erfolge mit Ihrem Pendel erzielen können, müssen Sie üben, üben und nochmals üben. Lassen Sie sich durch eventuelle erste Fehlschläge nicht entmutigen, sondern machen Sie einfach weiter, wobei Sie besonders darauf achten müssen, ein äußerstes Maß an Konzentration aufzubringen und die richtige Fragestellung zu beachten. Bedenken Sie zudem, daß Sie bei der Verfolgung eines versteckten Wasserlaufs nicht nur die allgemeine Richtung, sondern auch die Fließrichtung feststellen können, wenn Sie Ihre Fragen entsprechend formulieren.

Mengenbestimmungen

Quantitätsbestimmungen sind nicht nur dann von Interesse, wenn sie im Zusammenhang mit einer Ortsbestimmung, also zur Festlegung einer bestimmten Entfernung oder Tiefe, erbracht werden sollen, sondern auch dann, wenn es um die Festlegung anderer Größen geht: Ob Zeit, Geschwindigkeit, Inhalt, Gewicht, Temperatur, Stromspannung oder homöopathische Potenz – mit Hilfe des Pendels sind Sie in der Lage, all diese Mengenbestimmungen durchzuführen, wobei sich die Fehlerquote in einem erstaunlich engen Rahmen bewegt.

Der Einfachheit halber sollen die folgenden Beschreibungen zur Feststellung der Größeneinheiten für Entfernungen erfolgen – natürlich sind dieselben Methoden auch für jedes andere Maß zu verwenden. Wichtig ist, daß Sie zu Anfang Ihrer Untersuchung Ihren Pendel auf die entsprechende übergeordnete Einheit (hier „Entfernung") justieren, so daß Sie dann nur noch nach den entsprechenden Untereinheiten (Kilometer, Hundertmeter, Zehnmeter, Meter, Dezimeter, Zentimeter, Millimeter) fragen müssen. Auf diese Weise ist es Ihnen nach einiger Übung möglich, selbst weite Entfernungen bis auf wenige Millimeter genau „abzuschätzen".

Als erste Methode, zu einem verwendbaren Zahlenmaterial zu gelangen, ist die sogenannte Rotations-Zählmethode anzuführen: Hierzu justieren Sie zunächst Ihren Pendel auf die Einheit, zum Beispiel Meter, und versetzen ihn in eine gleichmäßige Kreisung. Nun brauchen Sie jedoch nicht gleich von der ersten Kreisung ab mitzuzählen, denn bei der mentalen Methode gelten andere Gesetzmäßigkeiten als bei

Linearskala zur Tiefenbestimmung

Abb. 24

Logarithmische Skala zur Tiefenbestimmung

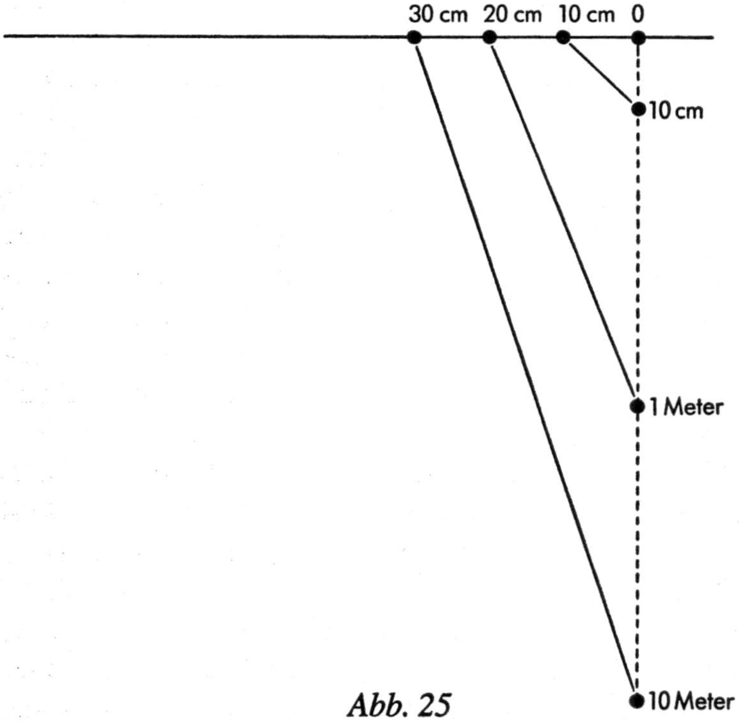

Abb. 25

herkömmlichen Meßinstrumenten. Warten Sie also, bis der Pendel schön rund schwingt, und beginnen Sie dann unter voller Konzentration auf die eingestellte Meßeinheit zu zählen. Sobald die Kreisung zusammenbricht, der Pendel also in eine Strichung übergeht oder zu völligem Stillstand kommt, haben Sie die gesuchte Zahl gefunden. Auf diese Weise tasten Sie sich von der größten hinunter zu der feinsten Einheit und erhalten so eine exakte Entfernungsangabe.

Eine weitere Methode besteht darin, daß Sie sich eine Art Lineal bauen, mit dessen Hilfe Sie sowohl in die Weite als auch in die Tiefe messen können, was beispielsweise für Wasserbohrungen und Brunnenerschließungen von Bedeutung ist. Malen Sie zu diesem Zweck einfach ein übergroßes Lineal auf den Boden, dessen Skala Sie nun auf mehrere Arten beschriften können. Zum einen können Sie mit einer linearen Skala arbeiten, so daß bei einer Tiefenpeilung beispielsweise zehn Zentimeter horizontal zehn Zentimetern Tiefe und ein Meter horizontal auch einem Meter Tiefe entsprechen. Zum anderen können Sie eine logarithmische Skala anbringen, so daß beispielsweise zehn Zentimeter horizontal zehn Zentimetern Tiefe, zwanzig Zentimeter horizontal einem Meter Tiefe und dreißig Zentimeter horizontal zehn Metern Tiefe entsprechen (vgl. Abb. 24 und 25, Seite 193).

Wie sehr Sie hierbei Ihre Phantasie spielen lassen können, zeigt eine dritte von vielen möglichen Skaleneinteilungen, die Sie auch an einem Baum oder an einer senkrechten Wand anbringen können: In einer Hand den Pendel, bewegen Sie die andere Hand ausgestreckt die senkrechte Skala hinunter, bis die Kreisung zusammenbricht. Sie sehen, daß es wirklich auf vielerlei Arten möglich ist, Entfernungen, Tiefen und Höhen mit Hilfe des Pendels zu bestimmen. Und natürlich sind die angeführten Methoden auch zur Bestimmung der Zeit oder anderer Maßeinheiten möglich. Bedenken Sie jedoch, daß – insbesondere wenn es um die Größe Zeit geht – ein Auspendeln der Zukunft nicht möglich ist, wogegen Altersbestimmungen kein besonderes Problem darstellen. Natürlich wäre es auch unsinnig, in Anbetracht des verwehrten Blicks in die Zukunft, Zeit auf die Ermittlung von potentiellen Lottozahlen oder Börsennotierungen zu verschwenden. Eine – allerdings rein theoretische – Möglichkeit bestünde bei der Ermittlung von Trümpfen beim Kartenspiel nach Kartenausgabe oder bei der Ermittlung des richtigen Roulettefachs zwischen Kugeleinwurf und dem *Rien ne va plus* des Croupiers. Bei diesen Vorgängen sind bereits „die Würfel gefallen", so daß man hierbei nicht von zukünftigen Ereignissen sprechen kann – doch ist in der Praxis die Zeit zum exakten Pendeln viel zu kurz.

Insbesondere beim Auspendeln von Stadtplänen kann es sich als nützlich erweisen, wenn Sie sich eine sogenannte Radionic-Box basteln, mit deren Hilfe Sie Hausnummern und Stockwerke – bei anderen Gegenständen Ihres Interesses beispielsweise auch exakte Gewichtsangaben – bestimmen können. Aus Pappe oder unter Verwendung alter Radioknöpfe können Sie sich ein aus verschiedenen Untereinheiten bestehendes Anzeigegerät bauen, dessen Knöpfe Sie während des Pendelns lediglich der Reihe nach zu drehen brauchen (vgl. Abb. 26, Seite 196).

Sie können hierzu natürlich auch die bekannte Fragestellung nach einer „Ja"- oder „Nein"-Antwort verwenden, doch gelangen Sie mit Hilfe einer anderen Fragemethode zu einem

Box zur Quantitätsbestimmung
(Radionic-Box)

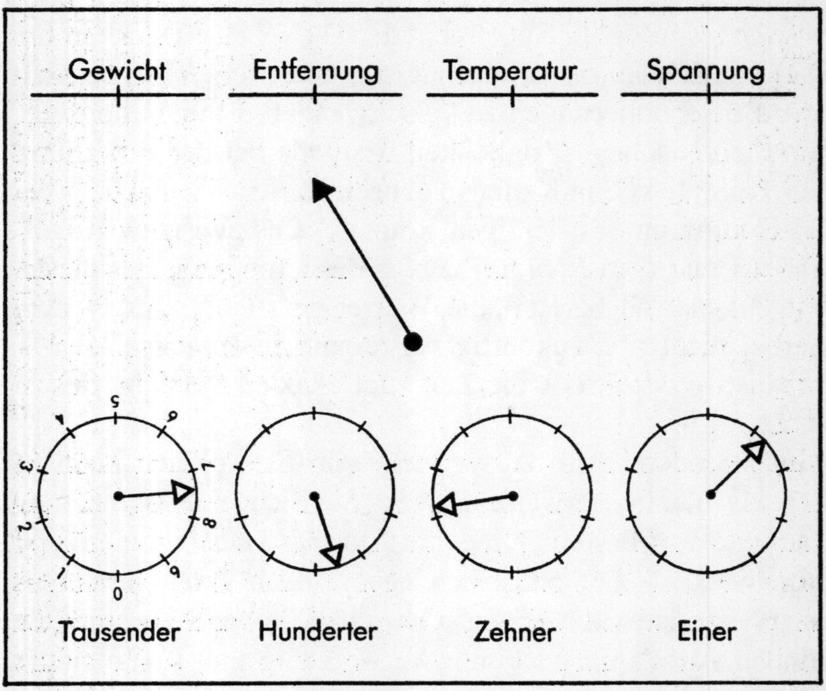

Abb. 26

schnelleren Ergebnis. Beginnen Sie mit der größten Einheit Ihrer Box, stellen Sie irgendeinen Wert ein, und fragen Sie „Ist es mehr als...?". Antwortet der Pendel beispielsweise mit „Nein", gehen Sie mit Ihrem Wert hinunter und gelangen so an jedem Knopf zu einem exakten Ergebnis.

Nach all diesen theoretischen Unterweisungen in die verschiedenen Techniken – und das gilt für die Mengenbestimmung ebenso wie für die Ortsbestimmung – müssen Sie sich dazu aufraffen, die trockene Theorie in die Praxis umzusetzen. Natürlich wäre es hierbei von Vorteil, wenn Sie ein bestimmtes Gebiet haben, das Sie über alles interessiert, damit Sie nicht vor der ausgesprochen schwierigen Aufgabe stehen, „einfach so" ins Blaue hineinzupendeln. Tatsächlich ist es am besten, wenn Sie sich zunächst auf ein von Ihnen bevorzugtes Gebiet, das auch im beruflichen Bereich liegen kann, beschränken, um auf diese Weise zur notwendigen Sicherheit im Umgang mit dem Pendel und mit sich selbst zu gelangen.

Bluff mit Grenzwerten

Zur Ermutigung, mit Hilfe des Pendels völlig neue Meßsysteme zu erfinden, hier ein paar Hinweise, wie die Wissenschaft heute zu ihrem Zahlenmaterial kommt. Das Beispiel Grenzwerte von Schadstoffen ist deshalb bewußt gewählt, weil Sie da gleich etwas für Ihr Wohlergehen tun können.

Zum Skandalgift Holzschutzmittel: Ab welcher Dosis gesundheitliche Schäden auftreten, kann man bis heute nicht genau angeben, denn es fehlen repräsentative Daten. Diese sind auch gar nicht leicht zu bekommen, da jeder Mensch unterschiedlich auf das Gift reagiert.

Fest steht aber, daß bei Leberschäden, der Unterdrückung von Immunreaktionen und Hirnleistungsminderung keine Schwellen zwischen „Durchschnitt" und „belastet" mehr feststellbar sind. Die einen haben Beschwerden, die anderen noch nicht; die einen haben bedenkliche Organwerte, die anderen nicht.

Bis auf wenige Ausnahmen, wie zum Beispiel beim Blei, finden sich in Fachlexika ausschließlich schwerste, durch höchste Dosen ausgelöste akute Vergiftungen. Im chronischen Bereich ist wenig Genaues bekannt. Logische Folge: Auch die aus Tierversuchen abgeleiteten Toleranzgrenzen können nicht schützen. Außerdem wissen wir absolut nichts über das Zusammenwirken sehr kleiner Dosen. Lediglich die Folgen kennen wir: ökologische Katastrophen, wie wir sie schon mehrfach erlebt haben.

Zum Beispiel Dioxin: Als eindeutige Vergiftung gilt offiziell nur das sichtbare Erscheinungsbild der Chlorakne. Von

Experten wird jedoch behauptet, daß Chlorakne nur bei hohen Dosen auftritt, also bei Opfern eines Chemieunfalls. Diese Behauptung ist falsch, denn es kann von wiederkehrender Organreaktion unterhalb der Dosis, die Chlorakne erzeugt, ausgegangen werden. Aus ärztlicher Sicht wird längst von Patienten berichtet, die meßbare Schädigungen schon bei „normaler“ Dioxinbelastung unterhalb der sogenannten Grenzwerte zeigen.

Es sollte eigentlich selbstverständlich sein, daß Risikogruppen mit erhöhter Belastung vorrangig betrachtet werden müssen – aber das glatte Gegenteil geschieht. Dabei ist längst klar, daß Grenzwerte nicht absolut vor Gefahren schützen und daß Reaktionen immer zuerst bei den Risikogruppen auftreten und nicht allgemein.

Nun zur Praxis: Dioxine werden in wichtigen Organen gegenüber dem Fettgewebe überproportional angereichert – Leber, Milz, Thymus und die weibliche Brust sind davon besonders betroffen. Auch das stark erhöhte Krebsrisiko ist gesichert nachgewiesen.

Chlorakne als Reaktion des Menschen auf Dioxine wurde 1899 zum ersten Mal beschrieben – als Hauterkrankung bei Arbeitern der Chloralkalielektrolyse. Rund 50 Jahre lang wurde daraufhin über die Richtigkeit des Namens Chlorakne debattiert, bis nach dem Unfall 1954 bei der BASF der Übeltäter identifiziert werden konnte: das 2378-TCDD. Daraufhin veröffentlichte ein Experte, Chlorakne sei die empfindlichste Reaktion des Menschen auf Dioxin, und sie sei relativ harmlos. Obendrein hatte er aus den Dioxingehalten des Humanfettes sogenannte Sicherheitsabstände abgeleitet – niemand hat ihm widersprochen. Dabei haben die

Toxikologen folgendes übersehen: die enorme immununterdrückende Wirkung und die Wirkung des Dioxins als Nervengift.

Auch die Wirkung auf eine Reihe anderer Organe wurde stark unterschätzt. Es wurde nicht berücksichtigt, daß der Mensch anders als eine Labor-Ratte reagiert. Dioxin bewirkt eine starke Schädigung des Gemüts, die wir mit den Worten Mattigkeit, Konzentrationsschwäche, Angst und Depressionen beschreiben. Diese Wirkungen sind in Tierversuchen schwerlich nachweisbar.

Kurz nach der Reaktor-Katastrophe von Tschernobyl hat ein Wissenschaftlerteam der IAEA (Internationale Atomenergie-Agentur) die Sowjetunion besucht. Resultat der Untersuchungen: Es sei keine statistisch gesicherte Erhöhung von Krebserkrankungen bei Tschernobyl festzustellen, jedoch litten die Menschen teilweise an einer psychischen Beeinträchtigung. So haben 250 Ärzte und Wissenschaftler die Welt an der Nase herumgeführt: Die IAEA ist nämlich eine Institution zur Förderung der sogenannten friedlichen Verwendung der Atomenergie.

Auch im Zuge einer Dosisberichtigung in Hiroshima und Nagasaki hat sich herausgestellt, daß die Krebsraten pro Dosiseinheit sehr stark unterschätzt worden sind. Man kann heute sagen, daß die früheren Schätzungen mindestens um den Faktor zehn zu niedrig waren.

Und in England gab es die plötzliche Erhöhung kindlicher Leukämien in der Nähe der englischen Wiederaufarbeitungsanlage Sellafield. Auch da wurde zunächst behauptet, daß ein Zusammenhang mit Strahlung nicht bestehe. Doch dann konnte nachgewiesen werden, daß diese Leukämien durch

Bestrahlung der Väter in der Anlage ausgelöst wurden, also genetisch bedingt waren. Dieser Effekt konnte entdeckt werden, da die Strahlenbelastung der Arbeiter in der Anlage Sellafield außerordentlich hoch war – allerdings ist er nach Werksangaben unter den zulässigen Dosisgrenzwerten geblieben.

Unsere Gesundheitsbehörden betonen immer wieder, daß die Belastung der Menschen relativ gleichmäßig ist. Aber man hat sich allzulange damit zufriedengegeben, daß die Mittelwerte stabil sind und keine regionalen Unterschiede auffallen. Dabei wird immer der gleiche Trick angewendet: Repräsentative Daten gibt es nur „allgemein“: Warenkorbanalyse, Luftgehalte für „Ballungsraum“ oder „ländlichen Raum“, oder die durchschnittliche Emission von Müllverbrennungsanlagen – nie aber werden konkrete Daten für eine bestimmte Anlage beziehungsweise einen bestimmten Anlagentyp veröffentlicht. Störende Daten werden von anerkannten Experten kurzerhand unterschlagen. Es scheint sich in der Wissenschaft eingebürgert zu haben, Augenwischerei zu betreiben. Dabei kommt die klassische Toxikologie in der Regel ganz ohne den Menschen aus. Zur Dosis ohne Wirkung, dem NOEL-Wert (No Observed Effect Level), wird ein willkürlicher Sicherheitsfaktor addiert, und so erhält man die Unbedenklichkeitsdosis für den Menschen.

In jedem Fall wird jedoch ignoriert, daß die Speicherfähigkeit des Menschen hundertmal größer ist, was den Sicherheitsfaktor schon vollständig ausschöpft. Mit Hilfe der DTA-Werte (duldbare tägliche Aufnahmemenge) werden dann pauschal Risikoabschätzungen vorgenommen. So könne man „schon mit einfachen Überlegungen“ zeigen, daß gründliche

Untersuchungen im Umfeld einer Müllverbrennungsanlage überflüssig seien. Zweifel sind angebracht.

Grenzwerte müßten generell überdacht werden – eine Notwendigkeit, über die sich alle Beteiligten einig sind. Weshalb aber geschieht nichts? Im Falle von Dioxin wie bei anderen Umweltproblemen auch wird man neue Wege gehen müssen, als es bislang üblich war. Unsere Zivilisation hat eine veränderte Situation geschaffen, und es bedarf neuer Methoden, um damit fertig zu werden.

Das alles sollte Sie nun nicht dazu veranlassen, sich mit Ihrem Pendel auf den Weg zu machen, um wissenschaftliche Institute umzukrempeln. Nur sollten Sie wissen, wie sogenannte Normen zustandekommen, damit Sie ein wenig den Respekt verlieren vor diesen zum Teil recht phantastischen Zahlen und sich Ihr eigenes Urteil bilden. Mit Hilfe Ihres Pendels werden Sie eigene Meßergebnisse bekommen, die nicht allgemein für die gesamte Menschheit gelten, sondern ausschließlich für Sie alleine.

In der freien Natur

Haupteinsatzgebiet von berufsmäßigen Pendlern ist die Suche nach Wasser und Erzen, wobei diese Menschen nicht nur vom Pendeln, sondern überdies auch noch von den Dingen, nach denen sie suchen, eine ganze Menge verstehen müssen. Abgesehen davon, daß es an Spielerei grenzte, im überversorgten Mitteleuropa beispielsweise nach Wasser zu suchen, birgt dieser Vorgang eine nicht zu unterschätzende Gefahr: Es ist selbst für erfahrene Radiästheten nicht einfach, manchmal sogar unmöglich, eine natürliche Quelle von einer künstlichen Rohrleitung zu unterscheiden, so daß immer wieder Ärger entsteht, wenn sich beispielsweise nach entsprechenden Bohrungen eine vermeintliche Quelle als Versorgungsrohrleitung für einen Ort entpuppt.

Aber auch in Regionen der Welt, in denen das Wasser knapp ist und die Suche danach einem notwendigen Zweck dienen würde, ist diese Arbeit nicht einfach. Bohrungen, insbesondere Tiefbohrungen, sind sehr teuer, und eine nur um wenige Zentimeter verfehlte Bohrung kann erfolglos bleiben, wenn harte Gesteinsschichten das Durchbrechen der Ader verhindern. Ähnlich verhält es sich bei Erzen oder auch Erdöl, deren Suche ein erfahrenes Team erfordert, das entsprechend geologisch geschult sein sollte.

Beispielhaft für die glückliche Kombination von naturwissenschaftlicher Ausbildung und radiästhetischen Fähigkeiten dürfte der amerikanische Ingenieur Paul Clement Brown sein, der zur Blüte der US-Ölindustrie wesentlich beigetragen hat. In der folgenden für seine erfolgreiche

Gesellschaft	Prognosen	Ergebnisse
Signal Oil & Gas Company	*Einige Ölproben unter 3300 Meter, aber nicht wirtschaftlich ergiebig*	*Ölproben bei etwa 3300 Metern. Bohrloch wurde aufgegeben, da nicht ergiebig*
Standard Oil Company KCL 27-3	Entdeckung eines neuen Ölfeldes durch das Bohrloch. Ölhaltiger Sandstein mit einer Mächtigkeit von 12 Metern in einer Tiefe von etwa 2370 Metern	Neu entdeckte Ölschicht. Öl gefördert in einer Tiefe von 2371 Meter bis 2383 Meter
Standard Oil Company „67" 21-10	Trockenes Loch	Bohrung bis zur Tiefe von 3811 Meter. Kein Öl gefunden
Standard Oil Company KCL 34-3	Trockenes Loch. Nur feuchte Zonen	Bohrung bis zur Tiefe von 2520 Meter. Die vorhandenen Sandschichten sind feucht

Gesellschaft	Prognosen	Ergebnisse
Standard Oil Company 9Z-523	Wenn senkrecht nach unten gebohrt wird, nur feuchte Sandsteinschichten. Wenn in Richtung Südwest gebohrt wird, wirtschaftliche Energiebigkeit aus den beiden oberen Sandsteinschichten	Senkrechte Bohrung bis zur Tiefe von 2997 Meter. Alle Sandsteinschichten feucht. Bohrung Richtung Südwesten. Die beiden oberen Sandsteinschichten liefern jeweils 1268 und 220 Barrel pro Tag
Standard Oil Company 9Z-534	Alle Sandsteinschichten feucht. Möglicherweise eine kleinere Quelle in dem Phacoidensandstein. Fracing ist notwendig, damit die Förderung rentabel wird	Bohrung bis zur Tiefe von 2787 Meter, alle Sandsteinschichten feucht. Weiterbohrung. Ergiebigkeit von 50 Barrel pro Tag aus Phacoidensandstein. Nach Fracing 265 Barrel

Gesellschaft	Prognosen	Ergebnisse
Getty Oil Company Morris USL-581	Die oberen und unteren Serien des Carnerossandsteins ergiebig, wenn senkrecht nach unten gebohrt wird	Bohrloch fertiggestellt. Die obere Carnerossandsteinschicht ist ergiebig
Standard Oil Company 4Z-518	Nur die obere Carnerossandsteinschicht ist ergiebig	Bohrloch fertiggestellt. Die obere Carnerossandsteinschicht ist ergiebig
Rothschild Oil Company Kliewer No. 1	Feuchte Sandsteinschichten	Die vorliegenden Sandsteinschichten waren feucht
nach: Christopher Bird, Die weissagende Hand oder das Mysterium Wünschelrute. Verlag Moos & Partner, 2. Auflage 1985, Seite 141)		

Arbeit stellvertretenden Übersicht können Sie sehen, daß seine Methode mit Hilfe von Pendel und Rute eine nahezu hundertprozentige Trefferquote beim Auffinden von Öl aufweist:

Die Ölfunde von Paul Clement Brown

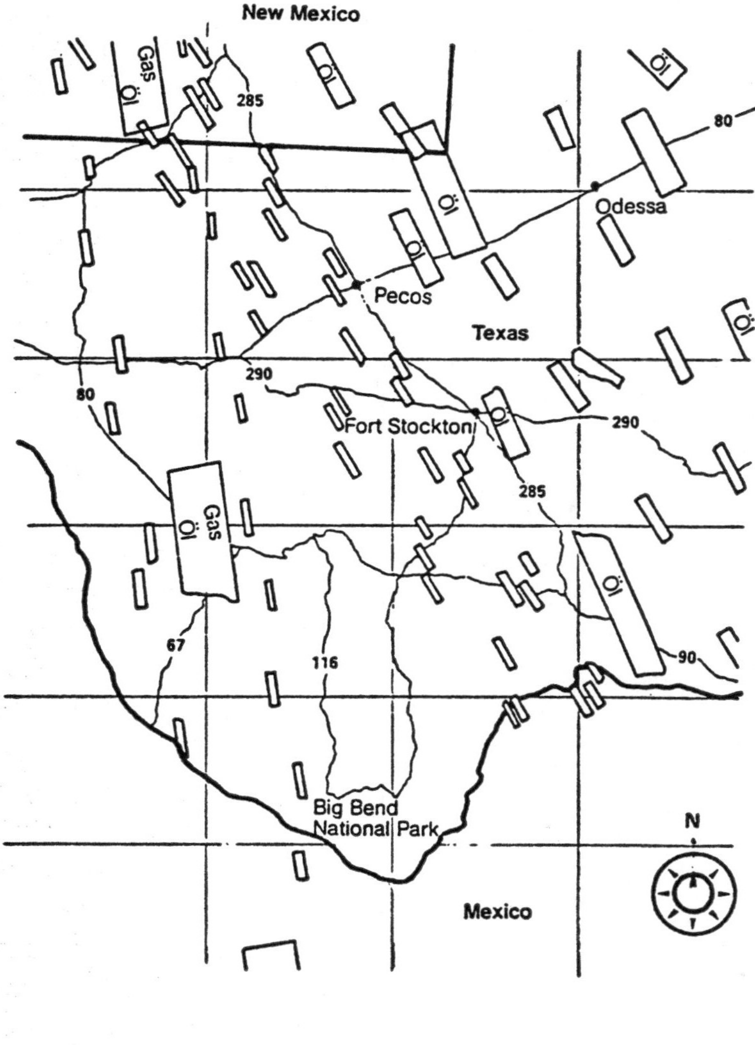

Abb. 27

Diese beeindruckende Tabelle bedarf keines weiteren Kommentars, und sie könnte beliebig erweitert werden – egal, ob es sich bei den gesuchten Bodenschätzen um Wasser, Öl, Gas oder Erze handelt. Immer gehen die „Meister" dabei nach der beschriebenen Methode vor, zunächst die Richtung, dann die Lage und schließlich die Tiefe zu ermitteln. Abgerundet wird die sogenannte Mutung durch eine Prognose bezüglich der Ergiebigkeit und der Qualität der Bodenschätze. Immer wieder muß jedoch betont werden, daß es nicht ausreicht, nun einfach mit dem Pendel durch die Landschaft zu streifen und auf gut Glück zu versuchen, irgend etwas zu finden. Unbedingt erforderlich für das mentale Pendeln ist ein Ziel, das möglichst genau definiert sein sollte, so daß auch eine „einfach so" vorgenommene Schatzsuche auf dem eigenen Grundstück natürlich erfolglos bleiben muß.

Ein dankbares Umfeld für erste Übungen bieten archäologische Ausgrabungsstätten, in denen Sie nicht nur die Forschungsergebnisse und die Altersbestimmungen der schriftlichen Führer überprüfen, sondern zusätzlich noch neue Funde tätigen können. Was immer Sie auch suchen, wichtig ist dabei, daß Sie einen persönlichen Bezug zu der Materie haben, mit der Sie sich beschäftigen. Und sollten Sie solches radiästhetisches Talent entwickeln, daß Sie das Pendeln zu Ihrem Beruf machen und gegen Bezahlung nach Bodenschätzen, gebrochenen Wasserrohren, Störfeldern oder auch Krankheiten forschen, so ist es von allergrößter Bedeutung, den Punkt Bezahlung nicht in den Vordergrund zu rücken, sondern ihn als angenehme Begleiterscheinung zu betrachten. Hier unterscheidet sich das Pendeln übrigens nicht von anderen beruflichen Tätigkeiten, die um so überdurchschnittlicher ausgeführt werden können, desto weniger dabei das vereinbarte Honorar – zumindest gedanklich – mitschwingt.

Daß erfolgreiche Radiästheten mehr als ihr gutes Auskommen haben können, zeigen unzählige Beispiele, wo Pendler oder Rutengänger im Auftrag von Regierungen und Wirtschaftsunternehmen arbeiten oder auch fest angestellt sind. In Britisch-Kolumbien und Indien beispielsweise arbeiten Radiästheten im Beamtenstatus, für den Pharma-Konzern Hoffmann-La Roche arbeitet ein ganzer Stab von Radiästheten – insbesondere, wenn es darum geht, zukünftige Fabrikgelände irgendwo in der Welt auf notwendige Wasservorkommen zu testen. Stephan Riess, ein amerikanischer Rutengänger und Pendler, trug wesentlich mit zur Wassererschließung im trockenen Westen der USA bei und wurde 1958 vom israelischen Ministerpräsidenten David Ben Gurion ins Land geholt, um für die neue Stadt Eilat am Roten Meer Wasserquellen zu erschließen – wenige Zeit später sprudelte nur zwei Kilometer von Eilat entfernt ein Brunnen, der nicht nur eine Stadt mit mehr als 100 000 Bewohnern einschließlich Industrie und Vororten mit dem nötigen Wasser versorgen konnte, sondern dessen Trinkwasserqualität sogar ausgesprochen gut ist. Riess bekam seinerzeit für seine Bemühungen angeblich von Gurion eine Medaille und seine Frau eine in Silber gebundene englischsprachige Ausgabe des Talmud – ein fürstliches Honorar, wenn man berücksichtigt, wie sparsam andere Radiästheten schon abgefunden worden sind, die Bodenschätze in Millionenwert geortet und gefunden haben, und daß erfolglose Fehlbohrungen mit Leichtigkeit in die Hunderttausende gehen. August von Bishoping beispielsweise, Angehöriger einer Rutengänger-Kompanie im ersten

Weltkrieg, Aufspürer von gewaltigen Erzlagern in Spanien, im Alter von 17 Jahren nach Togo in Westafrika berufen, wo er erfolgreich Wasserquellen mutete, hat nach seinen Angaben das zweitgrößte Erdölvorkommen in der Bundesrepublik entdeckt, das in circa hundert Metern Tiefe eine Ausdehnung von 800 mal 3 000 Metern einnehmen soll – nur verraten hat er es nicht, denn keine Fördergesellschaft wollte ihm die geforderte fünfprozentige Beteiligung an der Verwertung zusichern ...

Landkarten und Pläne

Verne Cameron, einem Berufsradiästhet aus Kalifornien, gelang es im Jahre 1959, der amerikanischen Regierung mit Hilfe des Pendels einen gehörigen Schrecken einzujagen. Cameron meldete sich eines Tages bei der Navy und behauptete, er könne allein durch Kartenpendeln die gesamte U-Boot-Flotte der Navy exakt lokalisieren. Natürlich weckte diese Meldung das Interesse von Vizeadmiral Maurice E. Curtis, und man traf sich kurz darauf in einem Marinestützpunkt zu einer Demonstration. Das Experiment gelang, wobei Cameron nicht nur die US-Boote lokalisierte, sondern auch die russischen U-Boote rund um den Erdball. Der Radiästhet mußte allerdings für seine Fähigkeit büßen: Er wurde nicht etwa – wie man vermuten könnte – von der Navy oder dem CIA angeheuert, sondern er wurde dazu verdonnert, das Land nicht zu verlassen. Erfahren hat er es allerdings erst Jahre später, als ihn die südafrikanische Regierung einlud, diverse natürliche Hilfsquellen zu orten. Cameron konnte nicht ausreisen, da ihm die amerikanischen Behörden wegen des Sicherheitsrisikos keinen Paß ausstellten.

Das Kartenpendeln oder sogenannte Kartenmuten ist in der Regel eine dankbare Aufgabe, wobei die Trefferquoten sehr viel höher liegen als beim Pendeln in der freien Natur. Teils ist das dadurch bedingt, daß sich auf einer Landkarte oder auf einem Stadtplan keinerlei Gegenstände befinden, durch die die Pendelausschläge eine Ablenkung erfahren könnten, teils auch dadurch, daß – obwohl eine Karte einen verkleinerten Maßstab darstellt – sehr viel genauer gearbeitet werden kann.

Grundsätzlich bieten sich drei Möglichkeiten an, beim Kartenpendeln zum gewünschten Ergebnis zu kommen. Für alle drei Wege jedoch gilt gleichermaßen, daß die Karte, der Plan oder die Skizze in Planquadrate eingeteilt ist. Generalstabskarten und die handelsüblichen Stadtpläne sind bereits mit einem solchen Gitter überzogen, und sollten Sie über einer „nackten" Karte pendeln, so helfen ein Lineal und ein Bleistift, um diesen Mißstand zu beseitigen.

Bei der ersten Methode pendeln Sie systematisch alle Planquadrate nacheinander aus, wobei Sie sich beziehungsweise Ihrem Pendel natürlich jedesmal die Frage stellen, ob sich der gesuchte Gegenstand oder die gesuchte Person in diesem Quadrat befindet. Die zweite und schnellere Methode besteht darin, daß Sie zunächst sämtliche Längsreihen und anschließend die Querreihen auspendeln, wobei sich dann das überschnittene Planquadrat als das richtige erweist. Bei der dritten Methode setzen Sie beispielsweise Ihren Ausgangspunkt links unten fest und fragen nach der Richtung. Dann wiederholen Sie diesen Vorgang an der rechten unteren Ecke und erhalten so einen Schnittpunkt, der sehr viel exakter ist als bloß das richtige Planquadrat (vgl. Abb. 28, 29, 30, Seite 213–215).

Die Methoden eins und zwei stellen demnach lediglich eine grobe Mutung dar, die in jedem Fall durch den dritten Weg vervollständigt werden muß, in dem Sie die Eckpunkte am georteten Planquadrat ansetzen. Selbstverständlich gilt auch beim Kartenpendeln der Grundsatz des Eingrenzens, wobei Sie sich innerhalb weniger Minuten – und das ist das Faszinierende an diesem Vorgang – von einer Weltkarte bis zu einem Stadtplan vorarbeiten können. Natürlich setzt diese

Pendeln über Karten

Zeitraubend:
Jedes Planquadrat einzeln auspendeln

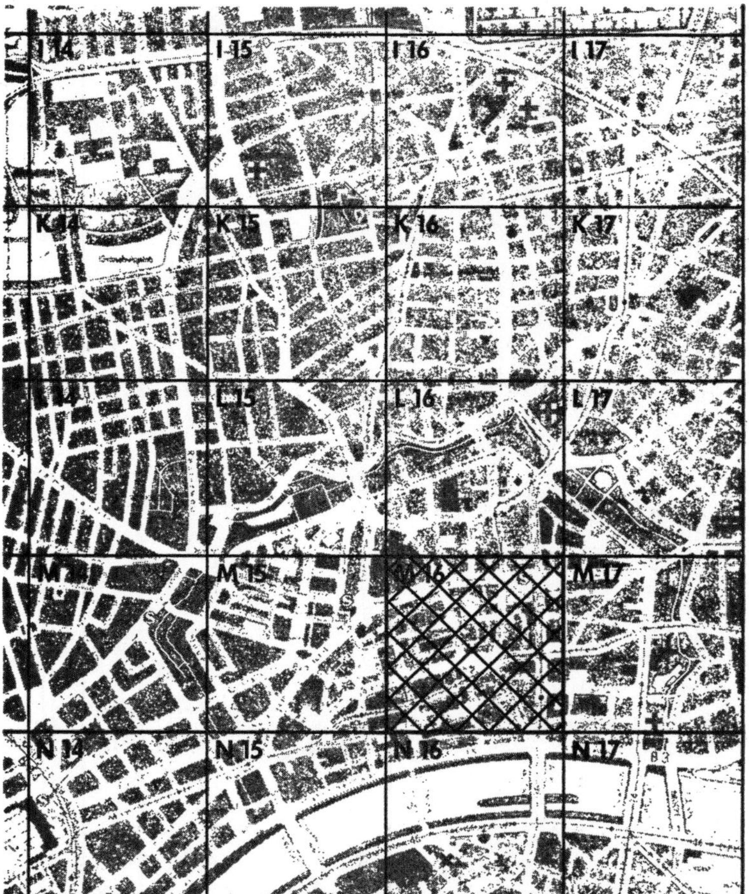

Abb. 28

Zügig, aber grob:
bahnenweises Auspendeln

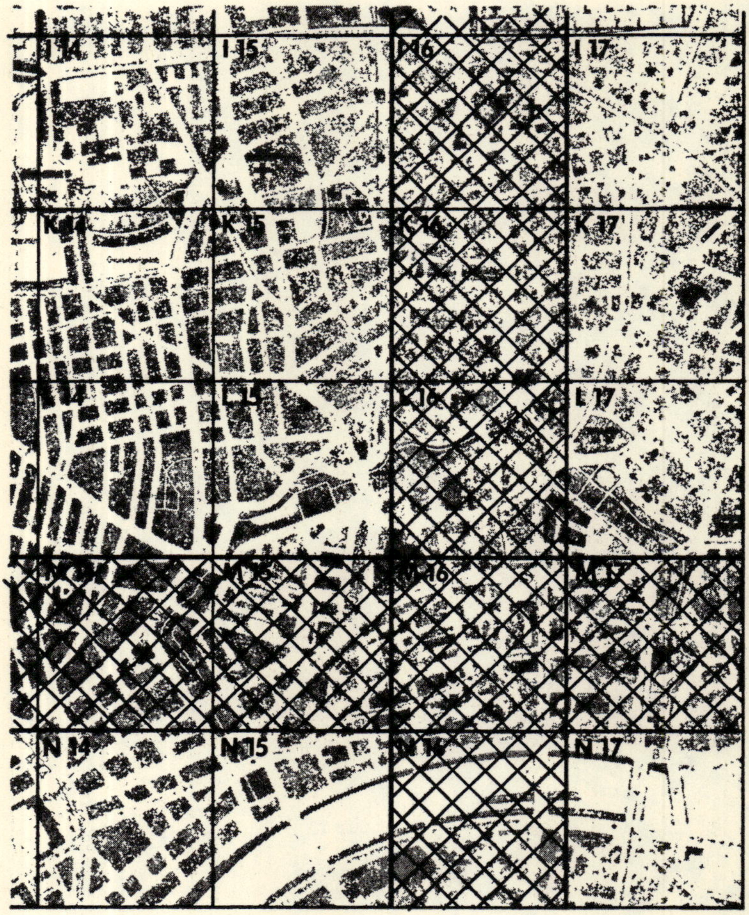

Abb. 29

Exakt:
Schnittpunkt-Methode

Abb. 30

Arbeit einen entsprechenden Fundus von Karten und Plänen voraus, doch auch wenn Sie nicht über das entsprechende Material verfügen, können Sie sich mit ein wenig Phantasie und Improvisationstalent behelfen. Suchen Sie beispielsweise den Aufenthaltsort einer bestimmten Person, und Sie sind zu dem Ergebnis gekommen, daß sich diese Person irgendwo in Athen aufhält, verfahren Sie – wenn Sie keinen Plan von Athen bei der Hand haben – wie folgt:

In Athen gibt es, das sollten Sie wissen, eine deutsche Botschaft. Zudem existieren ein internationaler Flughafen, ein Hauptbahnhof, ein American Express Reisebüro, ein Hilton Hotel und so weiter. All diese markanten Punkte, die in jeder großen Stadt der Welt zu finden sind (in kleineren Orten sind es: Marktplatz, katholische oder evangelische Kirche, Moschee, Rathaus, Sportplatz, Schule etc.), tragen Sie jetzt in einen selbstgebastelten Stadtplan von Athen ein, der anfangs lediglich aus einem leeren Kreis und einem Planquadratgitter besteht. Der Pendel wird Ihnen verraten, in welchem Planquadrat die Botschaft steht, der Flughafen liegt und so weiter. Nun, von diesen Punkten aus ist es ein leichtes, den gesuchten Ort mittels Schnittpunktmethode zu ermitteln und von dem am nächsten gelegenen markanten Punkt mit Hilfe der Spurverfolgungsmethode das entsprechende Straßennetz anzulegen. Und wenn Sie zur Spitze der Radiästheten gehören, wird es Ihnen gelingen, anhand des vor Ihnen liegenden Alphabets den ersten, zweiten und alle folgenden Buchstaben des Straßennamens sowie die Hausnummer einschließlich Stockwerk oder Zimmernummer zu ermitteln.

Mit dieser Methode des Kartenpendelns wurden Diebe gefunden, Vermißte geborgen, Schmuggler gefaßt und Familien wieder zusammengeführt – die Liste des erfolgreichen Pendeleinsatzes ließe sich beliebig fortsetzen. Interessant ist der Gebrauch des Pendels auch bei US-Soldaten während der letzten Periode des Vietnamkriegs. Unzählige Berichte liegen hier vor, in denen Soldaten schildern, wie sie mit Hilfe des Pendels zu ihren Einheiten zurückfanden, wie Fußfallen, Tunnels, falsche Wände und Munitionsdepots in Vietcong-Dörfern aufgespürt werden konnten, so daß die Marinesoldaten neben ihren normalen batteriebetriebenen Minendetektoren bald auch radiästhetisches Werkzeug mit sich trugen.

Pendel und Krankheiten

1. *Jeder Mensch besitzt ein persönliches Kraftfeld. Dies ist bereits wissenschaftlich bekannt und nachgewiesen.*
2. *Bei Krankheiten treten Änderungen in diesem Kraftfeld auf, wie durch die diagnostischen Erfolge von Dr. med. Schreiber bei Patienten von Geheimrat Bier sowie an Tieren des Berliner Schlachthofs ebenfalls wissenschaftlich nachgewiesen wurde.*
3. *Da Wünschelrute und Pendel in ihren Reaktionen auf den gleichen Ursachen beruhen, gelten diese Feststellungen auch für die letzteren. Zudem sind die pendeldiagnostischen Leistungen eines Dr. Abel Martin von der Pariser ärztlichen Fakultät anerkannt worden. Es steht also fest, daß man auch mit dem Pendel kranke Stellen am Körper finden kann; viele geben sogar dem Pendel vor der Wünschelrute den Vorzug, es gilt als wesentlich empfindlicher und für ärztliche Zwecke geeigneter. 1936.*

(Aus dem Nachlaß des Autors Dr. med. Bruno v. Willmann)

Willmann beschäftigte sich jahrzehntelang mit Diagnose- und Therapiemöglichkeiten mit Hilfe des Pendels und konnte aufgrund seiner persönlich gefundenen Zahlen- und Meßgrößen erstaunliche Resultate erzielen. Insbesondere widmete er sich Versuchen mit Pendel und Spiegel, dessen Rückseite er Wachstumsenergie und dessen Vorderseite er Wachstumshemmenergie zuschrieb. Nun würde es den Rahmen dieses Buchs sprengen, den relativ komplizierten Vorgang des medizinischen Spiegelpendelns darzulegen, doch soll ein wichtiges Wort des Arztes

Anatomische Pendeltafel nach RGS

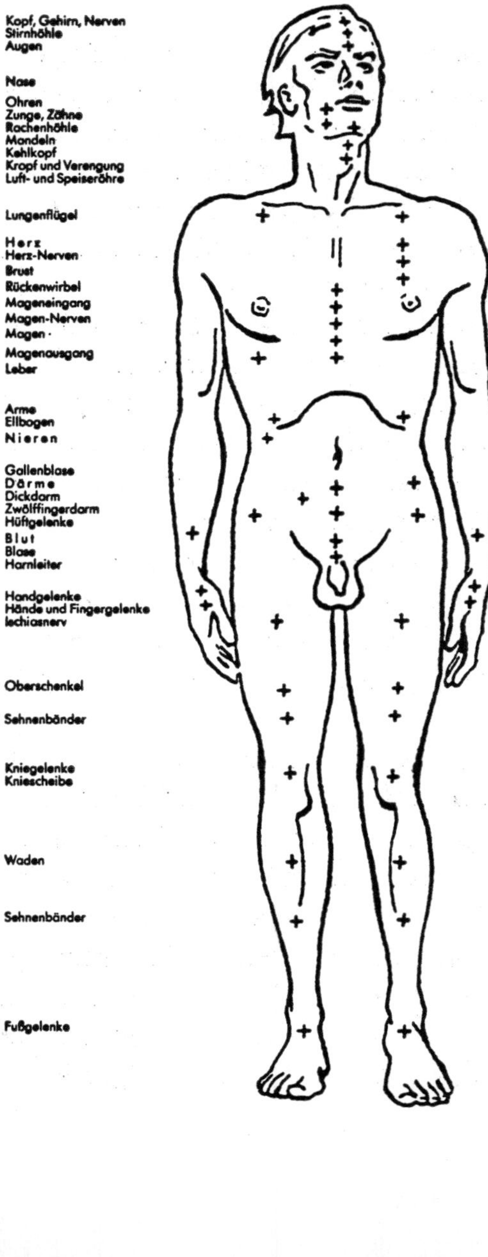

Abb. 31

Anatomische Pendeltafel nach RGS

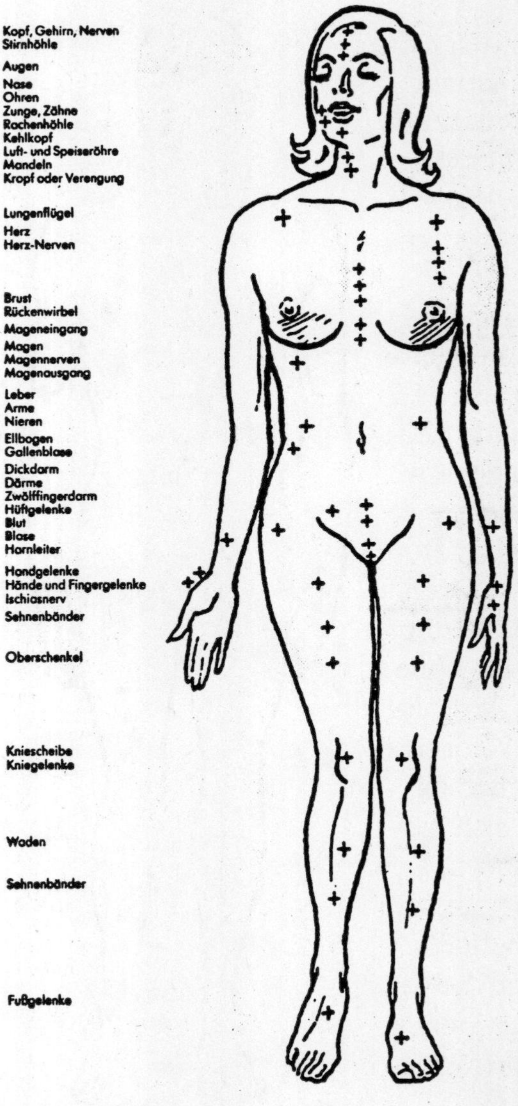

Abb. 32

Willmann aufzeigen, daß ihm bei allen Versuchen nie der Kontakt zur Wissenschaft verlorenging:

„Es soll hiermit nicht gesagt werden, die Mehrzahl der sonstigen, das Rüstzeug des Arztes umfassenden Methoden seien nun überflüssig geworden! Im Gegenteil! – Man wird vielleicht durch den nun erst möglichen raschen Überblick veranlaßt werden, die Diagnosen in der einen oder anderen Richtung zu vertiefen und zu vervollkommnen."

Natürlich ist Ihnen, wenn Sie nicht mit dem Gesetz in Konflikt kommen wollen, jede berufs- oder gewerbsmäßig vorgenommene Tätigkeit zur Feststellung, Heilung oder Linderung von Krankheiten, Leiden oder Körperschäden bei Menschen, auch wenn sie im Dienste von anderen ausgeübt wird, verboten – es sei denn, Sie sind Arzt, Zahnarzt oder Heilpraktiker. Trotzdem soll hier ein wenig dargestellt werden, wie Diagnosestellung und Verordnungen mit Hilfe des Pendels bestimmt werden, denn straffrei gehen Sie aus, wenn Sie sich ohne Entgelt im Familien- oder Freundeskreis betätigen. Bedenken Sie dabei jedoch immer, daß jeder geringste Verdacht auf eine schwere Krankheit ernst zu nehmen ist und das Aufsuchen eines Heilkundigen erfordert.

Ob Sie sich zur Orientierung an sämtliche möglichen Körperregionen, an anatomische Pendelkarten, an Augendiagnosekarten, an selbst hergestellte Karten oder auch an den vor Ihnen befindlichen Menschen halten, ist Ihnen überlassen – wichtig ist, daß Sie sich für eine Alternative entscheiden und nach einiger Übung ohne größere Schwierigkeiten systematisch vorgehen können.

In der Regel wird ein Kranker stehend, sitzend oder liegend leiblich untersucht, doch wenn Ihnen beispielsweise ein Freund aus der Fremde schreibt, muß die Untersuchung ferndiagnostisch erfolgen – ein Vorgehen, das berufsmäßigen Heilkundigen untersagt ist. Damit Sie Ihre mit „Ja“ oder „Nein“ zu beantwortenden Fragen gezielt stellen können, hier eine kleine Übersicht, wo der Schuh überall drücken kann. Sie sollten diese Übersicht immer stur abfragen, denn meistens sagen Kranke nur die halbe Wahrheit – „Bauchweh“ kann viel bedeuten, insbesondere, wenn sich dazu noch andere Symptome gesellen, die gerade vergessen werden:

Allgemeinbeschwerden:
Appetitmangel – Übelkeit – Erbrechen – Durchfall – Verstopfung – Gewichtsveränderung – übermäßiger Durst – Nykturie – Polyurie – Anurie – Potenzstörungen – Schwäche – Schwindel – Ohnmacht – Gleichgewichtsstörungen – Bewußtlosigkeit – Angst – Erregbarkeit – Unruhe – Kopfschmerz – geschwollene Füße – geschwollene Beine – geschwollenes Gesicht – Herzklopfen – Krämpfe – Lähmungen – Schweißausbrüche – Veränderung der Hautfarbe – Veränderung der Körperbehaarung – Fieber – Schüttelfrost – Einschlafstörungen – Durchschlafstörungen – Erinnerungsvermögen – Sprechschwierigkeiten – Appetitlosigkeit – Gehstörungen – Taubheit – Kribbeln – Haltlosigkeit – Konzentrationsstörungen – Depressionen – Grübeln – Traurigkeit – Nervenzusammenbrüche – Hysterie

Kopf:
Schmerzen – Haarausfall

Karte für die Augendiagnose: rechte Iris

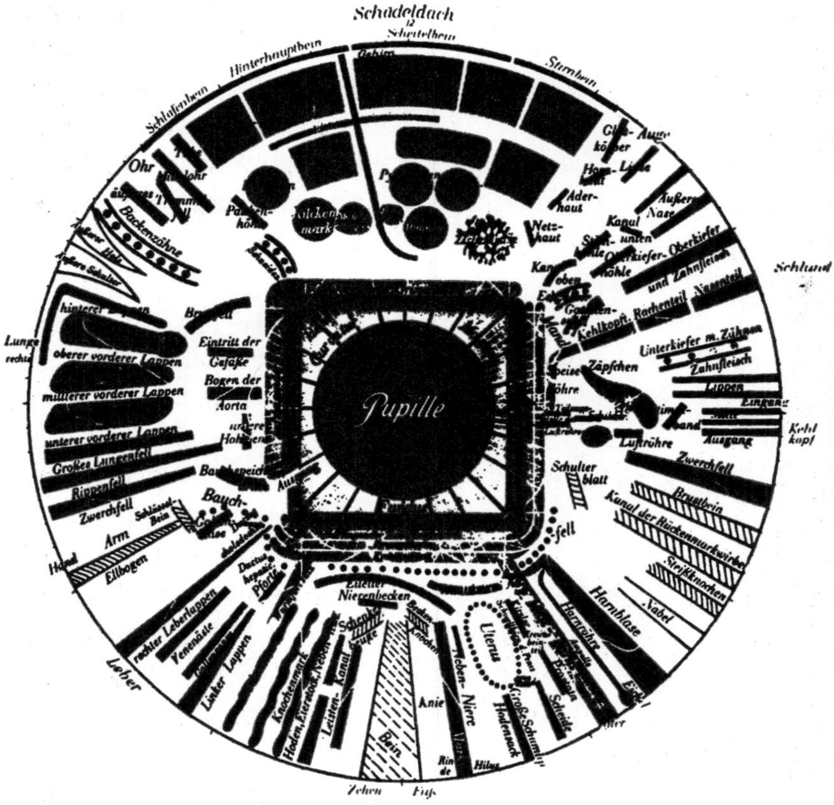

Abb. 33

Augen:
Sehfähigkeit (+/–) – Flimmern – schwarze Flecke – Doppelbilder – Tränenfluß – Druckgefühl – Brennen – Schmerzen

Ohren:
Hörstörung – Ohrensausen – Absonderung – Schmerzen

Nase:
Behinderung der Nasenatmung – Störung des Geruchssinns – Nasenbluten – Absonderung

Mund:
Zahnfleischbluten – Zungenbrennen – kein Geschmack – Zahnschmerz – Geruch – Lippenrisse

Rachen:
Halsschmerz – Schluckbeschwerden – Heiserkeit

Hals:
Schwellung – Knoten – Nackenschmerz – Steifheit

Brustkorb:
Schwellung – Knoten in der Achselhöhle – Veränderung der Brüste/Warzen

Atmung, Herz, Kreislauf:
Kurzatmigkeit (Ruhe/Bewegung) – nächtliche Atemnot – Todesangst – Husten – Auswurf (weiß/gelb/rot) – Brustschmerz – Nachtschweiß – unregelmäßiger Herzschlag – plötzliches Herzrasen

Karte für die Augendiagnose: linke Iris

Abb. 34

Verdauungstrakt:
Schluckbeschwerden – Aufstoßen – Sodbrennen – Oberbauchbeschwerden – Völlegefühl – Bauchschmerzen – Blähungen – zunehmender Bauchumfang – Unverträglichkeiten (Fett/Milch/Kaffee/Gewürze/Obst/Fleisch) – Erbrechen – unübliche Ver-dauung/Stuhlgang (ziehender Schmerz/Brennen/Teerstuhl/Schleim/Blut/unverdaute Speisen/Würmer) – Hämorrhoiden

Urogenitalsystem:
Harnstottern – Startschwierigkeiten – Tröpfeln – Schmerzen – Brennen – Urin nicht halten können – Nierenschmerzen – Urinveränderung (dunkel/blutig/schaumig/trübe/Steine) – Blut bei/nach Geschlechtsverkehr

Blut und Lymphe:
Kleine Blutungen nach 5 Minuten nicht gestillt – schlechte Wundheilung – Eiterneigung – ungewöhnliche blaue Flecken – Knoten (Hals/Achsel/Leiste)

Bewegungsapparat:
Gelenkschmerz – Gliederschmerz – Rückenschmerz – Bewegungseinschränkung – Mißempfindung – Kältegefühl – Schmerzen (beim Gehen/in Ruhe)

Drüsen:
Auffallend viel Urin – Temperaturempfindlichkeit (Wärme/Kälte) – Hitzewallungen

Mit dieser Aufstellung haben Sie eine ganze Menge Anhaltspunkte zu einer vorläufigen systematischen Untersuchung, die Sie natürlich immer in Beziehung zu der sogenannten Familienanamnese (hat in der Familie jemand Krebs, Diabetes, Herz-Kreislauf-Krankheiten etc.?) und der sogenannten Eigenanamnese (Kinderkrankheiten, Krankenhausaufenthalte, Infektionskrankheiten, Impfungen, Tropenreisen etc.?) sehen müssen.

Falls Sie sich bereits mit der Kunst der Homöopathie auseinandergesetzt haben, dann wissen Sie, daß diese Behandlungsmethode auf klassische Diagnosestellungen verzichten kann, da die Wahl der Mittel und ihrer Potenzen ausschließlich nach Symptomen erfolgt. So bietet sich diese Übersicht auch besonders gut für eine homöopathische Therapie an, die zusammen mit dem Pendel eine der Hauptsäulen in der Naturheilkunde darstellt. Bedenken Sie jedoch immer, daß kranke Menschen keine Versuchsobjekte sind, und falls Sie keine medizinische Erfahrung haben, sollten Sie grundsätzlich die Finger vom medizinischen Einsatz des Pendels lassen – zu viele Gefahren für Leib und Seele liegen in einer oberflächlichen oder stümperhaften Diagnosestellung, so daß ihnen sogar voll ausgebildete Ärzte immer wieder ausgesetzt sind. Natürlich steht es Ihnen frei – und dieses Vorgehen ist sogar zu empfehlen –, daß Sie nach einem Arztbesuch den Pendel in die Hand nehmen und sowohl Diagnose als auch Therapie selbst nachprüfen. Kommen Sie nach mehreren Proben zu einem anderen Ergebnis, sollten Sie sich sicherheitshalber an einen anderen Vertreter der Heilkunde wenden. Vor diesem Schritt sollten Sie grundsätzlich keine Scheu haben

Kreisförmige Tafel für radiästhetische Studien nach RGS

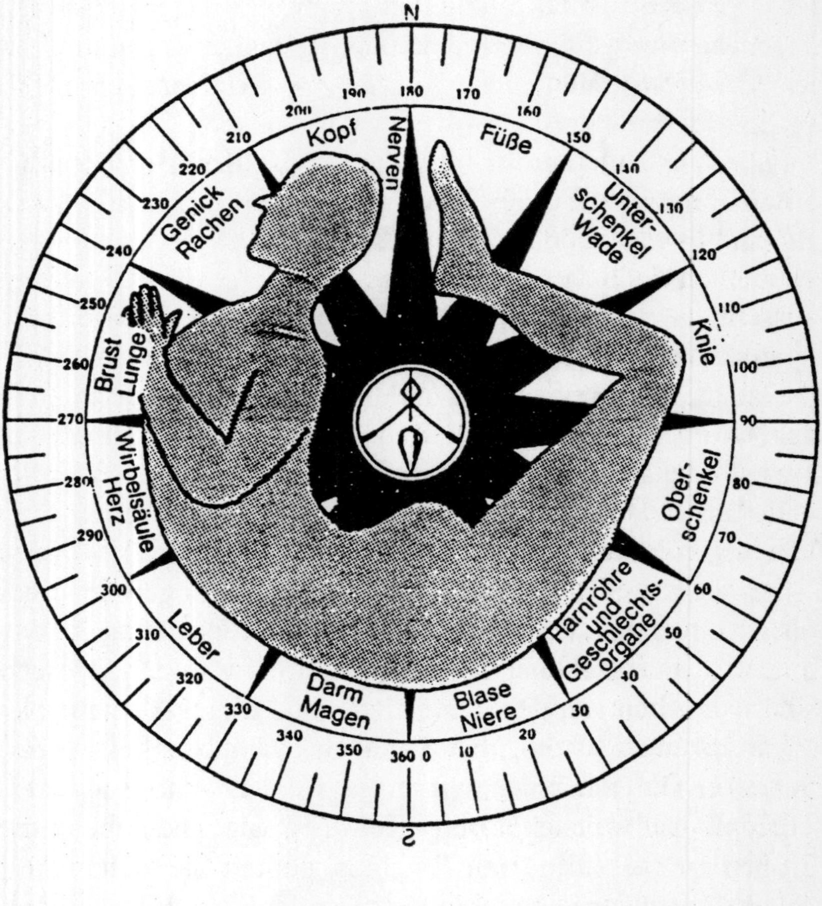

Abb. 35

Ein letztes Wort

Sie sind nun – und das dürfen Sie völlig ohne jeden Zynismus so verstehen – ein „Eingeweihter", ein Pendelschüler, der mittlerweile weiß, worauf es bei dieser Kunst ankommt. Sie haben diesem Buch entnommen, welcher theoretische Unterbau dem Pendeln zugrunde liegt, und Sie haben erste praktische Übungen vorgenommen, die Ihnen als Basis für die eigene Arbeit mit dem Pendel dienen sollen. Obwohl beim Verfasser dieses Buches größte Mühe darauf verwendet wurde, ein allgemeinverständliches und anschauliches Werk zu schaffen, mag es durchaus möglich sein, daß Ihnen der eine oder andere Punkt unverständlich geblieben ist. Dazu ein Ratschlag aus der Praxis: Notieren Sie sich diese Punkte auf einen Zettel, und legen Sie ihn in eine Schublade, um ihn nach einiger Zeit wieder hervorzuholen. Sie werden sehen, daß sich eventuelle momentane Unklarheiten im Laufe der Zeit und mit zunehmender Pendelpraxis von selbst klären, so daß es ein Unding wäre, eine sofortige Gewaltlösung anzustreben. Für diejenigen Leser, denen die in diesem Rahmen gebotene Information nicht ausreichend erscheint, ist im Anhang ein umfangreiches Literaturverzeichnis angeführt, das neben Werken in deutscher Sprache auch solche in englischer und französischer Sprache enthält. Da sich insbesondere die Franzosen, aber auch die Amerikaner weitaus mehr mit der Kunst des Pendelns beschäftigt haben als die Deutschen, liegen die wichtigsten Werke vorwiegend nur in den entsprechenden Sprachen vor – private Übersetzungen können jedoch unter Umständen die jeweiligen radiästhetischen Verbände vermitteln.

Anhand der im Teil „Anwendung“ beschriebenen Pendelübungen, die die wichtigsten Bereiche des praktischen Pendelns abdecken, haben Sie ein erstes Gefühl dafür bekommen, welche Möglichkeiten Ihnen mit Hilfe dieses radiästhetischen Instruments zur Verfügung stehen. Doch nun einfach zu sagen, Sie wären am Ende Ihrer Ausbildung angelangt, wäre falsch. Genaugenommen haben Sie noch nicht einmal damit begonnen – Sie haben hineingerochen und vielleicht Appetit bekommen. Es ist jetzt an Ihnen, die Kunst des Pendelns zu Ihrer eigenen Kunst zu entwickeln und sich mit Experimenten und Übungen zu beschäftigen, mit deren Hilfe Sie die hierfür notwendige Sicherheit bekommen.

Sie werden wahrscheinlich bemerkt haben, daß dieses Buch ganz und gar nicht in der ansonsten üblichen euphorischen Stimmlage geschrieben wurde – ganz im Gegenteil; und deshalb könnten Sie sich sogar manchmal gefragt haben, ob der Verfasser vielleicht insgeheim gegen das Pendeln eingestellt ist. Zu Ihrer Beruhigung: Er ist es nicht. Er ist selbst ein leidenschaftlicher Pendler, der – und genau in diesem Punkt ist die angesprochene Distanz begründet – sehr wohl um die Gefahren einer regelrechten Pendelsucht weiß. Es kann nicht angehen, daß dieses wertvolle Instrument dazu benutzt wird, sich die Entscheidung für die morgendliche Garderobe zu erleichtern, um nur ein Beispiel für den verbreiteten Mißbrauch beim Pendeln zu nennen. Der Pendel ist ein absolut ernstzunehmendes Gerät, in der Hand eines Unmenschen kann er sogar zur Waffe werden. Erst wenn Ihnen das in voller Tragweite klargeworden ist, haben Sie die rechte Startposition für den Einstieg in diese Kunst eingenommen. Und wenn Ihnen die eine oder andere Textpassage unter Umständen einen Hauch von Zynismus vermittelt haben mag, so sollten Sie das unter dem eben erwähnten Aspekt sehen und sich im Lauf Ihrer Lehre immer wieder vor Augen halten, daß es zwar eine Unmenge von Menschen gibt, die einen Pendel mit sich herumtragen, doch daß wirkliche Pendler ausgesprochen rar sind.

In diesem Sinne wäre es auch verfehlt, Ihnen nun „viel Spaß“ zu wünschen – vielmehr ist dem Autor daran gelegen, daß Sie sich an Ihrem Pendel entzünden und daß es Ihnen gelingt, eine Antenne für die Wellen der „großen Kraft“ zu sein, mit deren Hilfe Sie die Leiter in eine andere Dimension erklimmen.

Anhang

Adressen

Anthroposophische Gesellschaft in Deutschland
Leopoldstr. 46a
D-80802 München

Bio-Dynamic Association
P.O.Box 253
USA-Wyoming, Rhode Island 02898

Deutsche Gesellschaft für Geobiologie
Fachschaft Deutscher Rutengänger
Sandweg 3
D-93161 Sinzing

Deutsche Heilpraktikerschaft (Bundesverband)
Tersteegstr. 77
D-40474 Düsseldorf

Forschungskreis für Geobiologie
Adolf-Knecht-Str. 25
D-63849 Leidersbach

Österreichischer Radiästheten-Verband
Lenaugasse 5/18
A-1080 Wien

Österreichischer Verband für Ruten- und Pendelkunde
Neustiftgasse 57
A-1070 Wien

Schweizerische Gesellschaft für Geoklimatik (SGG)
Eriswilstr. 37b
CH-4950 Huttwil

Schweizerische Gesellschaft für Radiästhesie, Geopathie und Strahlenbiologie (RGS)
Postfach 944
CH-9001 St. Gallen

Zentrum für Radiästhesie
Kirchbachweg 16
D-81479 München

Weiterführende Literatur

In deutscher Sprache

Albinus, Th. (Pseudonym für J. M. Weiss): Das entlarvte Idolum der Wünschel-Ruthe. Leipzig 1704.

Aretin, J. Ch. Freiherr von: Beyträge zur litterarischen Geschichte der Wünschelruthe. München 1807.

Baader, F. X. von: Sämtliche Werke. Leipzig 1851, Aalen 1963.

Bachler, K.: Erfahrungen einer Rutengängerin. Geobiologische Einflüsse auf den Menschen. 9. Auflage, Linz 1984.

Bähr, J. K: Der dynamische Kreis: die natürliche Reihenfolge der Elemente und zusammengesetzten Körper, als Resultat der Beobachtung ihrer dynamischen Wirklichkeit. Dresden 1861.

Bedford, J. und W. Kensington: Das Delpasse-Experiment. Düsseldorf 1975.

Benedict, M.: Ruten- und Pendellehre. Wien 1917.

Bird, Ch.: Die weissagende Hand oder das Mysterium Wünschelrute. 2. Auflage, München 1985.

Bolte, J.: Forschungen und Entdeckungen mit dem siderischen Pendel. Leipzig 1937.

Candi (Pseudonym für L. C. Mohlberg): Radiästhetische Studien, Briefe an Tschü, Anregungen zu radiästhetischen Studien in 35 Briefen. 5. Auflage, St. Gallen 1970.

Clasen, E.: Die Pendel-Diagnose. Leipzig 1936.

Cossel, B. von (Hrsg.): Graphologisches Studienbuch. 2. Auflage, Frankfurt 1967.

Dietrich, Ch.: Wie lerne ich pendeln? Ersteinführung in die angewandte praktische Strahlenforschung. 2. Auflage, Rudolstadt 1937.

Ders.: Radiästhesie in Theorie und Praxis. Rudolstadt 1938.

Feudivirus, H. F.: Gebrauch der Berg- und Wünschel-Ruthe. Leipzig 1763.

Frauzem, M.: Radiästhesie. Wiesbaden 1953.

Fritsch, V.: Das Problem geopathogener Erscheinungen vom Standpunkt der Geophysik. München 1955.

Gilbert, L. W.: Kritische Aufsaetze ueber Schwefelkies, Pendeln und Wuenschelruthen. Halle 1808.

Glahn, F.: Glahn's Pendel-Bücherei. Memmingen 1936.

Graves, T.: Pendel und Wünschelrute: Radiästhesie. München 1982.

Hondorff, A.: Der Pendel enthüllt das Verborgene. München o. J.

Jakob, G.: Das medizinische Pendelbuch. Bietigheim 1973.

Kallenberg, F.: Offenbarungen des siderischen Pendels. Diessen 1913.

Keel, A.: So lernt man pendeln. Praktisches Lehrbuch der Radiästhesie. St. Gallen 1951.

Kirchner, G.: Pendel und Wünschelrute. München 1985.

Klemm, F. und A. Hermann (Hrsg.): Briefe eines romantischen Physikers, Johann Wilhelm Ritter an Gotthilf Heinrich Schubert und an Karl von Hardenberg. München 1966.

Kopp, J.: Gesundheitsschädliche und bautenschädliche Einflüsse von Bodenreizen. Zürich 1965.

König, H. L.: Unsichtbare Umwelt. München 1975.

Mano, P.: Strahlende Welt. Beitrag zur Geschichte der Radiästhesie. Zürich 1954.

Matthias, E.: Die Strahlen des Menschen künden sein Wesen. Zürich 1955.

Mermet, A.: Der Pendel. Eine Einführung in die Pendellehre und eine Anleitung zum Gebrauch des Pendels. Colmar 1937.

Nielsen, G. und J. Polansky: Die Magie des Pendels. München 1987.

Oelenheinz, L.: Der Wünschelring. Leipzig 1920.

Pakraduny, T. (Hrsg.): Die Welt der geheimen Mächte. Wiesbaden 1970.

Pfanne, H.: Lehrbuch der Graphologie. Psychodiagnostik aufgrund graphischer Komplexe. Berlin 1961.

Pohl, G. Freiherr von: Erdstrahlen als Krankheitserreger, Forschungen auf Neuland. Diessen 1932.

Prokop, O.: Wünschelrute, Erdstrahlen und Wissenschaft. Stuttgart 1955.

Reichenbach, K. Freiherr von: Die odische Lohe und einige Bewegungserscheinungen als neuentdeckte Formen des odischen Prinzips in der Natur. Leipzig o. J.

Resch, A.: Zur Geschichte und Theorie des siderischen Pendels mit Bericht über eigene Experimente. Philosophische Dissertation, Universität Innsbruck. 20. Juni 1967.

Ritter, J. W.: Der Siderismus. Tübingen 1808.

Seiler, J.: Mit Wünschelrute und Pendel zu den faszinierendsten Entdeckungen. 6. Auflage, Frankfurt 1984.

Spiesberger, K.: Der erfolgreiche Pendelpraktiker. 8. Auflage, Freiburg o. J.

Straniak, L.: Das siderische Pendel als Indikator der 8. Naturkraft. Rudolstadt 1937.

Ders.: Die 8. Großkraft der Natur und ihre physikalischen Gesetze. Diessen 1936.

Voll, A.: Die Wünschelrute und der siderische Pendel. Leipzig 1910.

Walther, J.: Das Rätsel der Wünschelrute. Leipzig 1933.

Wetzels, W. D.: Johann Wilhelm Ritter: Physik im Wirkungsfeld der Deutschen Romantik. Berlin und New York 1973.

Zechlin, M. R.: Wissenschaftliche Grundlagen der siderischen Pendelschwingungen. Diessen 1935.

Zeidler, J. G.: Pantomysterium, oder das Neue vom Jahre in der Wünschelruthe. Magdeburg 1700.

In englischer Sprache

Barret, Sir W. F. und Th. Besterman: The divining rod; an experimental and psychological investigation. London 1926.

Bird, Ch.: The divining Hand. New York 1979.

Evans-Pritchard, Sir E.: Witchcrafts, oracles and magic among the Azande. Oxford 1973.

Flacelière, R.: Greek oracles. London 1965.

Hyman, R. und E. Z. Vogt: Water witching. Chicago 1959.

Long, M. F.: The secret science at work. Los Angeles 1953.

Maby, J. C. und T. B. Franklin: The physics of the divining rod. London 1939.

McGlashan, A.: Gravity and levity. Boston 1976.

Reichenbach, K. Freiherr von: Physico-physiological researches on the dynamics of magnetism, electricity, heat, light, crystallization and chemism, in their relation to vital force. New York 1851.

Richards, G.: The chain of life. London 1934.

Roberts, K.: The seventh sense. New York 1953.

Salzman, M. H.: New water for a thirsty world. Los Angeles 1960.

Scott, E. F.: Dowsing: One man's way. Jersey 1977.

Targ, R. und H. E. Puthoff: Mind-reach. New York 1977.

Tromp, S. W.: Psychical physics; a scientific analysis of dowsing, radiesthesia and kindred divining phenomena. Amsterdam und New York 1949.

Winzer, H. und W. Melzer: Cancer in the light of geophysical radiation. New York 1927.

Young, A. M.: The reflexive universe. New York 1976.

In französischer Sprache

Bertholon, Abbé: De l'électricité des végétaux. Lyon 1783.

Bourdoux, J. L.: Notions générales et pratiques des radiesté-sie. Paris 1946.

Ders.: Notions pratiques de radiesthésie pour les missionai-res. Paris 1965.

Breton, S.: Traité pratique de radiesthésie. Paris 1941.

Carpon, M. A. (Hrsg.): La radiesthésie ou comment devenir expert dans l'art de capter les ondes, d'après la méthode de M. l'Abbé Bouly. Paris o. J.

Chevreul, M.-E.: De la baguette divinatoire, du pendule dit explorateur et des tables tournantes. Paris 1854.

Christophe, E.: Apologie du sourcier, la téléradiesthésie. Paris 1933.

Comiers, C.: La baguette justifiée et ses effets démontréz naturels. Paris 1693.

Contenau, G.: La divination chez les Assyrians et les Babylo-niens. Paris 1940.

Dubouchet, J.: Essai de formalisation de la psychologie fondé sur l'analogie des phénomènes psychiques. Paris 1965.

Fortis, Abbé: Mémoires pour servir à l'histoire naturelle et principalement à l'oryctographie de l'Italie et des pays adjacens. 2 Bände, Paris 1802.

France, H. de: Souvenirs d'un sourcier. Paris 1932.

Gerboin, A. C.: Recherches expérimentales sur un nouveau mode de l'action électrique. Strasbourg 1808.

Jaricot, J.: Pendule et médicine. Paris 1948.

Jurion, J.: La radiesthésie, techniques et applications. Paris 1976.

Lambert, Abbé und J. Gaillard: Le mystère du sourcier. Paris 1931.

Leprince, A.: Radiesthésie médicale. Applications de l'art du sourcier à la médicine humaine. Paris 1935.

Luzy, A.: La radiesthésie moderne. Paris 1970.

Mager, H.: Les sourciers et leurs procédés. Paris 1913.

Martin, A.: Diagnostic radiestétique en médicine vétérinaire. Paris 1960.

Menestrier, C. F.: Réflexions sur les usages et les indications de la baguette pour découvrir les sources de l'eau, les métaux cachez, les vols, les bornes déplacés, les assassinats. Lyon 1694.

Mermet, Abbé: Comment j'opère pour découvrir de près ou à distance sources, métaux, corps cachés, maladies. Paris 1960.

Peucer, K.: Les divins. Antwerpen 1584.

Peyré, F.: Radiations cosmo-télluriques. Paris 1947.

Regnault, J.: Baguettes et pendules. L'art du sourcier et ses applications. Paris 1948.

Rocard, Y.: Le signal du sourcier. Paris 1962.

Thouvenel, P.: Mémoire physique et médicinal, montrant des rapports évidents entre les phénomènes de la baguette divinatoire, du magnétisme animale et de l'électricité. Paris 1781.

Vallemont, Abbé de: La physique occulte, ou traité de la baguette divinatoire. Paris 1693.

Viré, A.: Comment devenir sourcier? Ce que j'ai fait. Paris 1935.

THEODOR VON KEUDELL
AYURVEDA
Das Wissen vom Leben
Die älteste Naturheilkunde
der Welt
MOEWIG

rat & wissen aktuell
LEBENSHILFE
Philip M. Chancellor
DAS GROSSE HANDBUCH DER
BACH-BLÜTEN
VOM BACH CENTRE
EMPFOHLEN
MOEWIG